これが
加賀百万石
回遊ルート

金沢城鼠多門・橋
完成記念

JN115376

はじめに

皆さん、こんにちは。私たち母・娘・孫の三代は金沢城 鼠 多門・鼠多門橋の完成を記念する本「これが加賀百万石回遊ルート」のご案内役を、おおせつかりました。

横山家は、藩政期に重臣として前田家に仕え、私たちは別家ですが明治以降ずっと金沢に住んでまいりました。私、方子は石川郷土史学会常任幹事、娘の薫はフリーのイラストレーター、そして孫の知波綾は東京の大学１年生です。

私、方子と知波綾は、12章にわたり展開する回遊ルートを巡ってその今昔を伝え、薫は私たち２人のイラストと情報収集を担当します。

令和に生きる私たちがこの本のガイドという大役をお引き受けする

ことになったのには、訳があります。5年前、「平成金沢城まるごとガイド」という本を発行したとき、このメンバーでご案内したからです。

まるごとガイドは北陸新幹線金沢開業を見据え、結果的に平成の金沢城復元整備のトリを飾った玉泉院丸庭園の竣工に合わせて作られました。

今回は鼠多門・鼠多門橋の竣工により、約２キロの「加賀百万石回遊ルート」ができたため、金沢城ばかりでなく、兼六園や国立工芸館、金沢21世紀美術館なども盛り込みました。この１冊で歴史に裏打ちされた、中味の濃い「観光金沢のメインストリート」をご堪能していただけたらと存じます。

まさこでーす。
　とっくに古希の坂を越えました。
お陰様で元気です。「平成金沢城まる
ごとガイド」刊行から5年。この間に、
近世、近現代の建築も勉強しました。
郷土史に興味を持って約30年。お役に
立てれば幸いです。

ちはやでーす。
　あの時、中学2年生でしたが、
今春、東京の大学に入学して、今は
金沢の自宅でオンライン授業中。
コロナ禍を逆手にとって、ふるさと
探査がんばりまーす。

かおるでーす。
　今回も、母まさこ、娘ちはや
のイラストを担当します。
　1日も早くコロナが収束
し、たくさんの皆様に新しい
回遊ルートを楽しんでいただ
けたらと思います。

3

加賀百万石 回遊ルートマップ

兼六駐車場 **P**

兼六園下 ◉◉

白鳥路

金沢城 石川門口

桂坂口

大手門口 ▶

金沢城公園

大手堀

黒門口 ▶

尾﨑神社

8 菱櫓・五十間長屋(金沢城公園)

玉泉院丸口

P

7 鼠多門(金沢城公園)
鼠多門

6 尾山神社

石川四高記念文

上堤町

尾山町

← 至近江町市場

尾山 ◉◉

香林坊大和 ア

南町

香林坊

5 金沢中央観光案内所

高岡町

武家屋敷跡野村家 **2**

前

4 足軽資料館

3 長町休憩館

長町

⑩ いしかわ生活工芸ミュージアム
⑪ 成巽閣
小立野口
石川県立能楽堂
出羽町
⑮ 石川県立歴史博物館
いしかわ赤レンガミュージアム
⑯ 加賀本多博物館
随身坂口
⑫ 金澤神社
⑭ 国立工芸館
（2020年10月オープン予定）
⑬ 石川県立美術館
⑱ 鈴木大拙館
真弓坂口
石浦神社
⑰ 中村記念美術館
広坂
県立図書館
本多の森ホール
⑨
兼六園
⑲ 金沢21世紀美術館
金沢能楽美術館
⑳
賓館
金沢歌劇座
金沢中署
N
鱗町
金沢市役所
柿木畠
坊
スクエア
片町
家資料館
木倉町

金沢広域地図

森本
金沢東IC
金沢市
北陸新幹線
IRいしかわ鉄道
金沢外環状道路（山側幹線）
159
浅野川
兼六園
香林坊
東金沢
北鉄浅野川線
JR金沢駅
野町
157
299
県庁
犀川
JR北陸本線
北陸自動車道
西金沢
金沢外環状道路（海側幹線）
西部緑地公園
金沢西IC
野々市

石川県「加賀百万石回遊ルートマップ」から

加賀百万石回遊ルートマップ主な施設

もくじ

第1章　令和に鼠多門・鼠多門橋

鼠多門は令和初の復元　10／海鼠壁に黒漆喰が新鮮　12／決定打は古写真、出土物　14／側壁石垣が往時の姿に　16／くぎ1本も使わず復元　18／安全安心の耐震構造　20／もっとくわしく!!　22

第2章　尾山神社は金沢城出丸跡

神社の境内、元は御殿　32／拝殿彩る格天井と欄間　34／古絵図では広坂側にあった　36／池泉回遊式「楽器の庭」　38／「利家とまつ」永久に合祀　40／もっとくわしく!!　42

第3章　武家屋敷跡はミニ城下町

土塀の家並みを今に　44／「藩政期から」大屋家のみ　46／高田・新家邸の長屋門残る　48／前田土佐守家の粋一堂に　50／石置き屋根、質素な生活　52／大野庄用水は市内最古　54／鞍月用水には貴船明神　56／もっとくわしく!!　58

第4章　玉泉院丸から石垣の博物館

5年を経て風格出てきた　62／鑑賞のための「庭園石垣」　64／城内外は「石垣の博物館」　66／辰巳櫓下は高石垣だった　68／隣り合うのに積み違う　70／凝った積み方、加工も様々　72／藩政期から残る大手堀　74／もっとくわしく!!　76

第5章 平成の築城から始まった

第6章 金沢城、昭和から令和へ

第7章 特別名勝 兼六園

第8章 兼六園周辺ゾーン

第1章

令和に鼠多門・鼠多門橋

明治に焼失、136年ぶり雄姿
鼠多門は令和初の復元

令和時代初めての金沢城の建造物復元は鼠多門です。耐震性を備えた鼠多門橋とセットで竣工し、「加賀百万石回遊ルート」が完成しました。「開門」の日、ご案内を始めました。

まさこ ちはや、朝方の雷雨がウソのように晴れ上がったわね。どう、①鼠多門を目の前にしての感想は。

ちはや なんか、時代劇のお城のセットのよう。でもお披露目の初日が青空になって良かった。ねえ、鼠多門って不思議な名前ね。なんでこう呼ぶんだろう。

まさこ 主に2つの説があるの。1つは不気味な説で、これを建てた時、鼠が土中から多数出てきたからというんだけど、ちょっと信じられない

よね。もう1つは、門の櫓が鼠色・グレーだったからという説。これなら「なるほど」とは思えるわね。

ちはや じゃ、なんで鼠色主体の壁にしたのかな。

まさこ はっきり分かってはいないわ。あのあみだくじみたいな目地は「海鼠漆喰」と言って、円柱を縦に

いざ入城! 丈夫な鋼鉄を張り付けた鼠多門の景観

①②➡ **もっとくわしく!!** ➡22ページで解説

金沢城側から鼠多門橋を望む

2つに割った海鼠のような形状なの。壁の表面の平らな部分は平瓦と言って薄鼠色。そこに張って付ける格子縞模様みたいな漆喰製目地は濃い鼠色で②黒漆喰（くろじっくい）と呼び、他のお城にはないみたいよ。

ちはや　これは門なのね。金沢城に門はいくつぐらいあるんだろう。

まさこ　城外に面した主な門は4つよ。一番有名なのは石川門。次に大手門で、これは正門です。もうひとつは黒門。そして、この鼠多門ね。

金沢城の「三御門」というと、石川門に橋爪門（はしづめ）、河北門（かほく）を指すの。

　鼠多門は1884（明治17）年に火災で焼失してから、136年ぶりに復元されたのね。ちはやも東京では大学の友達にアピールしてよ。

一般に開放された2020（令和2）年7月18日、完成したばかりの鼠多門を背に橋を渡る横山方子さん（左）と知波綾さん

白の城に唯一の「墨化粧」

海鼠壁に黒漆喰が新鮮

まさこ　じゃ、ちはや、鼠多門のシンボルの鼠色の海鼠漆喰から見ていこうね。対象にグンと近づきましょう。ほらほら、これよ。

ちはや　なるほど。ナマコという意味が分かった。この壁はなかなか素敵なデザインね。正方形の平瓦とい

う壁板をつなぐ目地部分がポコっとナマコみたいに飛び出てるんだ。遠目にはこの仕掛けは分かんないよね。

まさこ　そうなのよ。なかなか粋でしょ。漆喰という壁塗り材をナマコに似た半筒形にして目地とする技法なの。今回、工事に携わった職人さ

鼠多門の櫓の壁に近付き黒漆喰を確認

んによれば、この技法は熟練しない
と、なかなか難しいそうよ。

ちはや　そうなんだ。それにしても
そういう伝統工法はちゃんと引き継
いでいくのが大切なんでしょ。

まさこ　もちろんよ。漆喰なら左官
屋さん、木造建築なら大工さん。し
っかり技を継承していくことが求め
られているの。各業界でそこはきち
んと対策を立てているようよ。

（この後、少し歩いて③**三十間長
屋**へ）

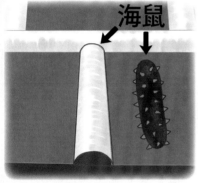

ナマコのイラスト（右）と海鼠漆喰

ちはや　あッ、ここに来た意味が分
かった。海鼠漆喰でしょう。

まさこ　ご名答！ここには白漆喰を
見にきたの。どう、こっちは白いで
しょ。城内の建造物は鼠多門を除いて
全部この白漆喰なんだよ。一説には、
徳川系はほとんどが白系の城、豊臣
系の城は黒と言われているらしいの。

鼠多門2階の海鼠壁の下の屋根には梅鉢紋の鉛瓦

③➡ **もっとくわしく!!** ➡22ページで解説

復元へ大きく動いた
決定打は古写真、出土物

まさこ　ちはやは覚えてる？今から5年前、『平成金沢城まるごとガイド』で案内役を務めたときのこと。

ちはや　もちろん。はっきり目に焼き付いている。中学2年生で、ちょっと恥ずかしかったけど。

まさこ　第1章は整備された玉泉院丸庭園だったよね。あの時なかった鼠多門が、復元に動く決定打になったのは何だと思う？特に黒漆喰の海鼠壁。

ちはや　なんだろう。古い写真かな。

まさこ　もともと鼠多門が火災で燃える④**1884（明治17）年より前の古写真**はあったんだけど、海鼠壁の漆喰が何色かまでは、はっきりしなかったのね。白黒写真は濃淡だけだ

し、解像度もよくはないらしいの。

ちはや　跡地から漆喰が黒かったのを示す黒漆喰の遺物が出てきたということなの？

まさこ　ズバリね。しかも、黒漆喰片はいくつも出て大変な発掘成果だと聞いているわ。石川県金沢城調査

出土した海鼠壁の黒漆喰。右端に下地の白漆喰が見える

鼠多門と鼠多門橋が写る明治初期の写真
（金沢大学附属図書館所蔵）

④→**もっとくわしく!!**→22ページで解説

鼠多門跡の発掘作業風景

ちはや　いやあ、おもしろい。ほか
に出土物が復元に功を奏した例はな
かったのかな。
まさこ　それが大あり。木材は燃え
ると残らないけど、石は残るわね。
石垣が部分的に結構残っていたのよ。
さあ、今度は石垣を見ましょう。

研究所がその遺物を分析した結果、
黒漆喰は白漆喰の表面に黒色を施し
てあるのが分かったの。わざわざ黒
色を付けたのが、こだわりなのね。

鼠多門を正面から撮った写真。後方に二の丸の建物が
見える（金沢市立玉川図書館所蔵）

3Dプリンターで精巧期し
側壁石垣が往時の姿に

まさこ　ねえ、ちはや。鼠多門側壁の石垣は見た目にばらつきがあるよね。

ちはや　ホントだ。かなり新旧混ざっているような復元ね。これは一部だけ残っていたということかな。そして積み方は、加工した石をほぼ隙間（すき）なく積む切石積（きりいしづ）みという技法だ。

まさこ　ほう。ちはやも色々知っているね。

ちはや　にわか勉強しました（笑い）。

まさこ　実は私も勉強したんだ。石川県金沢城調査研究所に聞いたんだけど、鼠多門の石垣復元と橋の再現には、埋蔵文化財調査が非常に貢献したんだって。

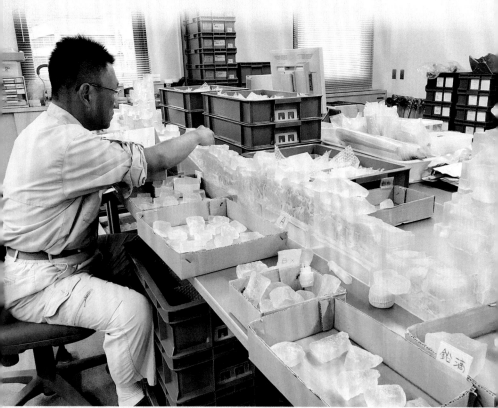

3Dプリンターで出力した10分の1縮尺の石垣模型で石のかみ合わせを検討する県金沢城調査研究所職員

1

ちはや　調査で出土した石垣は全てではなく、一部だけだったんだね。

まさこ　そうなの。県の埋蔵文化財調査では下から数段分の石垣が見つかり、ばらばらになった石130個も出土したのね。石垣を構成する全600個の石のうち、260個は当時のもの、340個は新しい戸室石を加工したそうよ。で、出てきた石は組み合わせを、それこそ積んでは崩し

鼠多門の石垣に使う戸室石を加工する職人

て考え、どうしてもないものは戸室石を新たに用意してつくりあげたそうよ。⑤ 3 Ｄ プリンターという最新機器で縮尺10分の1の精巧な模型まで作って組み上がりのシミュレーションを繰り返したんだって。

ちはや　へぇぇ、大変なご苦労の成果なのね。石垣は経験と勘で造り上げるものと思い込んでいたけど、ハイテクを活用したなんて、復元にかける石川県のマインドはとても高い。

まさこ　「人は石垣、人は城」といわれるけど、たくさんの人の力があってこそ、立派な復元が成されたんだよね。

新旧の石が混在する石垣

⑤ もっとくわしく!! ➡23ページで解説

17

木造建築技術の粋を集め
くぎ1本も使わず復元

見た目にも頑丈なマツの梁や桁が縦横に組まれた櫓の内部

木の階段をのぼると2階は広々の鼠多門

まさこ　さあ櫓の中に入りましょう。

ちはや　ああ、木の香もゆかしいってこのこと。癒やされるぅー。

まさこ　ちはや、内部を見て何か感じることない？

ちはや　あっ、2階建てで階段が2つもある。1つは急だし、もう1つはなだらか。それから、車椅子利用者のための昇降機もあるね。

まさこ　うん、急な方はかつてこうだったろうと想定した復元。なだらかな方は現代人のための安全対応な

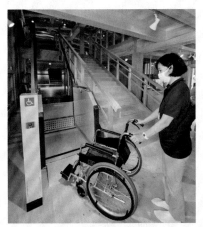

車椅子利用者のための昇降機

んだって。それに車椅子利用者のための昇降機設置も細かい配慮ね。

ちはや　⑥**武者窓**がいくつも付いているけど、造られた当時はここから、出入りする人を監視していたのかな。

まさこ　そうね。それから、ちはや、内部はこのように材木の生地がそのままだけど、何か気づくことない？

ちはや　うーん、そう言えば、木と木をつなぎ留めるくぎとか金具がぜんぜん見当たらない。

まさこ　いいとこ見てる。金沢城の木造建築物はどれもそうだけど、内部の構築には金具を使わないのが鉄則。特にくぎはほとんどゼロ。こういう工法を伝承し続けてきたのが⑦**石川県建築工事協同組合**で、金沢城復元も初期から一貫して、「地元の大工がお城を復元する」との心意気で後継者づくりにも注力しているそうよ。

ちはや　古を尊ぶ終始一貫の姿勢でお城の復元に当たってきたんだね。

⑥⑦➡ **もっとくわしく!!** ➡23ページで解説

橋は道路上に現代的再現

安全安心の耐震構造

鼠多門から見下ろした鼠多門橋と尾山神社に続く木製園路

まさこ　あと鼠多門橋と尾山神社側の木製園路を見ましょ。

ちはや　鼠多門橋はかつて、水堀に架かっていたのよね。それが今は普通の市道。だから橋は復元ではなくて整備になるって聞いたわ。

まさこ　一見、木の橋に見えるけど、実は鉄骨の橋脚や鉄板の橋げたに木の板を張っている「木装」よ。つまり鼠多門橋は1877（明治10）年に老朽化のため撤去した橋の復元でなく、令和に合わせた整備なの。

ちはや　なるほど、日本列島各地で大型の地震が発生している時代、そ

うしないと持たないってことでしょ。櫓にしてもかなり強い震度でも耐えうる構造になっているそうね。県内の数多くの鋼製橋を架橋した業者が施工したんだから安全安心の令和の橋と言えるよね。木製建造物でいうと、尾山神社側の園路もなだらかな勾配で高齢者にもやさしい配慮がうかがえる。

まさこ　そうね。それからちはや、復元建造物といっても、令和の現代に造ったんだから、現代ならではの仕掛けも施してある。何だと思う？

ちはや　それはすぐ分かった。LEDの照明とライトアップでしょ。

まさこ　ピンポーン。夜の顔も素敵よね。平成から始まった金沢城の復元でも、この鼠多門の特徴のひとつは、石川門や三十間長屋に続き**⑧市街地から見えるということ**。これによって、観光客へのインパクトは格段にアップするわ。

鼠多門橋の下を令和の今、市道が通る

⑧→**もっとくわしく!!**→23ページで解説

21

もっとくわしく!!

①鼠多門

鼠多門は、金沢城の西側の郭である玉泉院丸に位置し、木橋(鼠多門橋)により水堀をまたいで、現在の尾山神社境内に当たる金谷出丸と通じていた。

石垣の間に大扉を設け、その上に櫓をのせた櫓門形式の城門で、城内のほかの門と同じく、屋根は木型を鉛で覆った鉛瓦、外壁は白漆喰塗りで腰壁には海鼠壁が用いられている。ただ、その海鼠壁の目地が黒漆喰で仕上げてあるのが、城内のほかの門には見られない特徴で、全国の城郭建築でも極めて珍しい。創建年代ははっきりしないが、藩政前期、利常の頃には存在していたことが、絵図などから判明している。

③三十間長屋

普通、日本の城では、倉庫と防壁を兼ねた細長い建造物を、「多聞櫓」と言うが、金沢城ではそれを「長屋」と呼びならわしている。もともとこの地には藩政初期に櫓を持つ三十間長屋が建てられていたが、1759(宝暦9)年に焼失。100年ほどは石の土台だけが残っていて、幕末の1858(安政5)年、再建された。建物は石垣の上の縁に立っており、西側に位置する表側が威厳のある造りで城下ににらみを利かせている。

石川門、鶴丸倉庫とともに金沢城公園内の国重要文化財3棟のひとつ。外壁は石川門と同じく、典型的な白漆喰の海鼠壁である。

②黒漆喰

海鼠壁は壁の目地の部分が円柱を縦に半分にした、ナマコを上から見たような形状の壁。金沢城内ではこの目地部分が白であるが、鼠多門では白漆喰の目地に墨色の黒漆喰を重ね塗りしている。普通、海鼠壁は、整然と貼った四角い平瓦の間の目地をナマコと似た形の漆喰で固める。平瓦の色は目地が白い門、例えば石川門と変わらないが、縦横の目地が黒いと、壁全体が黒っぽく見えるのが特徴。

鼠多門の復元では当初、明治初期の写真が唯一、手掛かりであったが、県金沢城調査研究所による発掘調査で、白漆喰の上に墨を混ぜ込んだ「黒漆喰」の破片が多数出土し、復元に反映した。

④1884(明治17)年より前の古写真

今回の鼠多門及び鼠多門橋の復元整備に大きく寄与したのは、2枚の古写真であった。1枚は鼠多門と鼠多門橋を斜め下から見上げたアングルで金沢大学附属図書館の所蔵。もう1枚は鼠多門を真正面から写したアングルで金沢市立玉川図書館所蔵、後方には二の丸の建造物がいくつか望める貴重な写真である。2枚とも鼠多門が写っている。

2枚の写真ともに撮影年などを記した記述はない。しかし、1877(明治10)年に橋は老朽化で撤去されているので、2枚は「明治初期」(県金沢城調査研究所)に撮られたものとみられる。

⑤3Dプリンター

3Dプリンターとは、3次元（立体）的なデジタル・モデルを基にして、物体を作り出すことのできる機械のこと。日本語では、「立体印刷機」と漢字表現する向きもある。

例えば、3DCADや3DCGなどで作成した、3次元モデルを基にして、コンピューター内のただのデータ上の、あるいはコンピュータースクリーン上の視覚的な像にとどまるのではなくて、手で触れられるような、現実の立体物を出現させる機器のことである。この点で、プリンターといっても、紙を印刷する機械ではない。素材には樹脂や石こうが使われる。

⑥武者窓

武者窓は、天守、櫓など城郭建築や武家屋敷で、表長屋の外壁に設けた、太い縦または横の格子の入った窓。武家窓とも言う。

鼠多門の武者窓は、1、2階ともにある。正面1階では門扉小屋根のすぐ上には縦格子3本の小型窓が間をあけて2つ。門扉の左には小型窓を横に2つ合体したものを2つ、右には同じく合体したものを1つ配している。

デザイン性にとても優れており、左右非対称のアンバランスがまた粋な意匠をアピールしている。2階は門扉上は小型窓を横に4つ合体した構造、左右非対称のアンバランスは1階と同様。

⑦石川県建築工事協同組合

石川県内を対象に、原則、県内に在住する大工職人で組織する協同組合。金沢市北安江4丁目に事務局があり、構成員の連絡、協調、融和を図る事業を展開している。具体的には、「健康保険」「労災保険」「組合共済」「仕事の確保」「技能者の育成」など加入員のための様々な事業を展開している。

特に伝統建造物の技術継承を大きな課題に据え、年配者から若手に伝統技術を伝授するなど様々な試みを繰り返し、成果を上げている。労務上の諸課題についても、ベテラン大工がリーダーシップを発揮して、若手との対話を大切に日々励んでいる。

⑧市街地から見えるということ

従来、金沢城公園の造造物は石川門と、それに連なる外壁が、外周から望めるくらいであり、平成時代に菱櫓や五十間長屋、橋爪門続櫓、河北門などが復元整備されても、せっかくの立派な建造物は、城内にあり、地形や樹木に阻まれて「城下」から見えなかった。一時期、郭の東南端の辰巳櫓が復元できないかという議論もあり、一般財団法人北國総合研究所が特別研究に据え、3Dプリンターで模型も作ったが、復元には至らなかった。しかし、鼠多門が復元され、鼠多門橋が整備されたことによって「市街地から望める金沢城」が実現した。

石川県建築工事協同組合

　私たちは木造建築に従事する石川県在住の大工集団です。
　伝統建造物にも数々実績を持ち、金沢城公園でもいくつもの復元整備に携わりました。
　鼠多門はその最新作です。

鼠多門の木工事に当たった県建築工事協同組合の幹部、職人一同。
前列中央が加藤三郎県建築工事協同組合理事長＝鼠多門橋

加藤三郎県建築工事協同組合理事長(74)
「金沢の誇りとなる建物ができた。若い人に技術を伝授し続けたい」

長尾信幸県建築工事協同組合専務理事(68)
「後世に残る良い仕事をし続けるのがモットーです」

佐田秀造金沢城鼠多門復元工事総棟梁(68)
「この工事に携わった若い人たちはとてもいい経験になったと思う」

宮本修一金沢城鼠多門復元工事副棟梁(70)
「平成の復元の大半に参加し令和では初めて。また勉強致しました」

〒920-0022　金沢市北安江4丁目15番15号
TEL(076)262-4714(代)　FAX(076)262-4718

伝統技術をしっかり継承し続けます

木製園路を造りライトアップも

「利家とまつ」が主祭神

尾山神社は令和五年に 御鎮座百五十年を迎えます。

記念事業は以下の通りです

- 本社御本殿及び附属施設（神饌所・渡り回廊）の改修
- 本社玉垣（煉瓦塀）の改修
- 摂社金谷神社改修
- 授与所の新設
- 鼠多門橋の神社架橋に対応する諸整備など

来たる年へ向け御奉賛をお願い申し上げます。

尾山神社御鎮座百五十年 式年記念事業奉賛会

〒920-0918　金沢市尾山町11番1号　尾山神社社務所内
TEL（076）231-7210　FAX（076）231-4685

第2章

お城の内・外郭が一体に
神社の境内、元は御殿（ごてん）

鼠多門橋は復元ではありません。安全安心の現代の「木橋」です。しかし、この架橋が果たした、令和の城下町金沢に及ぼす文化的貢献は決して小さくありません。

まさこ さあ、令和の鼠多門橋を渡って①尾山神社に入って行きましょう。

ちはや 以前こんな木製園路なんてなかったね。神社の裏口には確か、お城の中から移した門があったよね。

まさこ それは②東神門（ひがししんもん）と言って、元々、お城の二の丸にあった唐門（からもん）だと伝わっているわね。さすがに風格は十分。さて、ちはや、ここは明治初期、尾山神社が創建される前、藩政期には何があったか知ってる？

ちはや 勉強しました。「金谷出丸（かなやでまる）」という外郭があったんでしょ。金沢城ってあんなに広いのに、外郭を設けていたんだね。どのような身分の方たちが住んでいたのかな。

まさこ 藩政期半ばからの金谷出丸には、お殿さまの後を継ぐ若殿さまや、隠居されたお殿さま、それから藩主の側室たちがお住まいだったの。だから、本丸御殿や二の丸御殿と同じく、金谷御殿と呼んでいたようよ。幕末には江戸から帰った前藩主の正

2代以降の歴代藩主及び当主を祀る摂社の金谷神社

①②③→**もっとくわしく!!**→42ページで解説

明治の金沢で造られた、現存建造物では一番古いとされる、れんが玉垣

室も住んでいたわ。

ちはや あッ、ここに金谷神社っていうのがある。これは関係あるの？

まさこ 金谷神社は尾山神社の摂社といって補助的な役割のおやしろなの。尾山神社が藩祖利家公とお松の方をご祭神にしてあるのに対し、ここでは2代藩主利長以降の歴代藩主、明治になってからの歴代当主及び夫

人がまつられているの。

ちはや そうすると、尾山神社は前田家の神式の聖地なんだね。

まさこ ちはや、そこの拝殿を囲む③れんがの玉垣をみてごらん。梅鉢の透かし彫りが入って粋な意匠ね。これは明治の金沢で造られ残存するれんが建造物では最古だそうよ。では、社務所に向かいましょう。

鼠多門から橋を渡り、木製園路を通って尾山神社へ。右は金沢城二の丸にあった唐門を移築した東神門

金谷御殿の忘れ形見
拝殿彩る格天井と欄間

見上げると格天井には優曇華、欄間には梅花＝尾山神社拝殿。奥に本殿

まさこ ちはや、きょうは特別に加藤治樹宮司が解説して下さるのよ。

ちはや 宮司さん、こんにちは。

加藤宮司 こんにちは。ちはやさん、大きくなられたね。

ちはや 「金谷出丸」の遺物は今の神社に残っているんですか。

加藤宮司 残っています。拝殿にご案内しましょう。（社務所から拝殿へ）はい、天井を見上げてください。

まさこ わあぁすごい。宮司さん、この折上げ格天井に描かれているのは何という花ですか。

加藤宮司 これがね、実は想像上の花なんです。聞いたことありませんか。優曇華っていう名前。

ちはや クサカゲロウという昆虫の卵をそう呼ぶのは聞いたことある。

まさこ ちはや、ウドンゲはうちの庭の木にもあった昆虫の卵だけど、画題にされる優曇華は、３千年に一度咲くという、仏教経典に登場する想像上の花よ。それにしても彩色といい、デザインといい、お殿さまのお住まいにあったのは納得できます。

加藤宮司 優曇華の格天井のほかにその欄間もなかなかの造りです。藩政期に木工として腕を振るった④武田友月の作で、前田家の家紋にちなむ梅花の一刀彫り。

まさこ 150年以上も前のお仕事とは、まさに超絶技巧ですね。

加藤宮司 もう一つ、一般にはお見せしていない珍品を御覧に入れましょう。（拝殿と本殿の間の斎庭へ）どうです、迫力あるでしょう。高さ80㌢、胴長105㌢。これは最後の藩主慶寧公から献呈された古備前焼の「獅子型香炉」と伝わっています。

ちはや いわれがあるんですか？

加藤宮司 藩祖利家公が朝鮮の役で戦功があったとして、太閤秀吉から賜ったと伝わっているんですよ。

まさこ 遺品一つとっても尾山神社はやはりスケールが違いますね。

獅子香炉

④→ **もっとくわしく!!** →42ページで解説

今や幻、金谷御殿の「御門」
古絵図では広坂側にあった

まさこ　宮司さんに見ていただきたいものがあって拝殿に戻りました。いま広げたのは横山家文書の文政13（1830）年の「御城 中壱分の碁絵図」です。ここに「金谷御門」と書いてありますね。現在の金沢広坂合同庁舎の前あたりでしょうか。

加藤宮司　確かに。ただ、これは私、初めて拝見します。なるほど鼠多門橋は金谷出丸の東側にある、お城からの通路だ。鼠多門口とは別に南側に門があったんですね。わざわざ「金

加藤宮司（左）とともに「御城中壱分碁絵図」に見入る＝尾山神社拝殿

尾山神社の南側、「金谷御門」の推定場所を歩く

「金谷御門」の名残の石垣か

谷御門」と書いてあるから、それなりの格式ある門だったんでしょう。

ちはや　ああ、この絵図では、今の尾山神社ご神門のあるところは、水堀と土手みたいのがあるだけですね。参道となった今とはぜんぜん違う。

加藤宮司　この絵図では、水堀に土盛りした金谷御門から入ると、現在のような鬱蒼とした林や池泉回遊式の池などなく、「外御庭」と記してあるだけですね。その奥に御殿のような建造物が黄色く描かれています。

まさこ　近代の郷土史家⑤森田柿園の「金澤古蹟志」や昭和の郷土史家、森 栄松氏の「金沢城」ではこの門を指し、「金谷殿の表門にて」とか「金

谷屋敷の正門」と表現しています。

ちはや　ねぇその金谷御門跡って今どうなっているの。行ってみようよ。（拝殿を出て2人は尾山神社の南へ）

まさこ　ああ、この台形石垣へんかな。それともその石段のついた所かな。案内板も何もないし、推測するしかない。でも、地図と照らし合わせると、ちょうど広坂側の真ん中あたりに、今は道路となっている水堀をまたいで金谷御門があったのかな。

ちはや　絵図には金谷御門から出てすぐ左手に「御厩」ってあったよ。

まさこ　いい指摘ね。今の広坂合同庁舎や石川県政記念しいのき迎賓館のあたりまでがお城の外郭で、馬場や⑥御細工所などもあったそうよ。

金谷御門などが描かれた絵図。ゴシック字は印刷

⑤⑥ → **もっとくわしく!!** → 43ページで解説

37

神苑に図月橋、八ッ橋、琵琶島
池泉回遊式「楽器の庭」

まさこ ちはや、金谷出丸については結構わかってきたでしょ。もう1回境内に戻って、現在の見所を探りましょ。まず県指定名勝神苑から。

ちはや 日本庭園は池があるとホッとするね。親水空間は癒やされる。

まさこ 先ほどの絵図で、外御庭とあったのが、後に神社によって手を加えられて神苑になったようよ。「尾山神社誌」には、神社創建の明治6（1873）年時点で、現神苑とほぼ同じ庭園であったと記されているの。従って、池泉回遊式の大名庭園だったんでしょうね。

ちはや ねぇ、この神苑は「楽器の庭」との異名を持っているんでしょ。

ユニークなアーチ型に近代を切り開く覇気がにじむ図月橋

⑦→ **もっとくわしく!!** →43ページで解説

池には粋な意匠の八ツ橋

まさこ 藩政末期の1866（慶応2）年から1869（明治2）年に13代藩主斉泰_{なりやす}が作庭のモチーフに「楽器の庭」を掲げたのね。だから池には雅楽にちなんで琵琶_{びわ}島、鳳笙_{ほうしょう}島、舞楽の舞人の冠を模した鳥兜_{とりかぶと}島を造成し、琴橋と図月橋_{とげつきょう}と八ッ橋で連ねたの。また、池の形も、平安時代、庭池に浮かせた竜頭鷁首_{りゅうとうげきしゅ}の舟を模したと言われているわ。

ちはや はぁぁ何と粋な。こういう発想は文人藩主でなきゃできない。

まさこ それから、池の東端には響遠瀑_{きょうおんばく}という水源があるの。これは3代藩主利常の命により完成した辰巳用水の水を兼六園から暗渠_{あんきょ}で導き、この響遠瀑から池に水を落としていたのね。ただし、現在は辰巳用水の水ではなくて、井戸を掘って、地下水を池に入れているそうよ。

ちはや そうすると、高台の兼六園から水はいったん広坂の低地を通り、再び小高い金谷出丸へと引かれていたんだ。ということは辰巳用水の産みの親・板屋兵四郎が用いた**⑦逆サイフォンの原理**をここでも応用したということかしら。

まさこ へぇぇ意外と理系の知識があるのね。

苑に建ついくつかの石碑も年輪を刻む。左から街の科学者「河波有道先生碑」、右は洋算学の祖・関口開の「関口先生記念標」

和・洋・中のコラボ神門

「利家とまつ」永久に合祀

まさこ　さあ、フィニッシュは⑧<u>神門</u>ね。なんせ尾山神社ばかりか、城下町金沢のシンボルだから。

ちはや　この建造物はできた当初、賛否両論が色々あったそうね。

まさこ　その通り。創建から2年目の明治8（1875）年、竣工したのだけれど、加賀百万石の藩祖利家をま

城下町金沢のシンボルとしてそびえ立つ神門

東京石川県人会が中心となって建立した赤母衣の利家像（左）と金沢市在住の篤志家、高桑剣月氏寄贈のまつの座像

2

つる神社にふさわしい神門を造ろうとかなり意気込んだらしいね。

ちはや　確か和・洋・中折衷の建築様式を採用したそうだけど、明治の文明開化のご時世、だれが発案し、だれが建築をリードしたの。

まさこ　発案者は後の2代目金沢市長の長谷川準也。設計施工の工匠長は、創造性と発明の才豊かと誉高かった大工の津田吉之助。当時の最も先進の建造技術を駆使したのでしょうね。だから、後に旧国宝になったの。

ちはや　神門は国重要文化財でしょ。

まさこ　だから「旧国宝」って言ったじゃない。戦後の昭和25（1950）年、新文化財保護法で国宝から重文になったのね。でも、明治初期のこのような神門は日本中どこを探してもないし、金沢は非戦災都市だからこそ、ユニークな近代建造物が残ってきたわけ。

ちはや　これからも末永く後世に伝えていくべき建物だね。ところで境内にも看板があったけど、3年後の2023（令和5）年は尾山神社開創150年を迎えるそうね。

まさこ　本当にね。ちはやは大学卒業か。2023年は確か北陸新幹線の金沢―敦賀間も開業じゃなかったっけ。東からばかりでなく西からも大勢の観光客が金沢にくるのでしょうね。これでまた、城下町金沢が全国に発信されるのね。これからの楽しみが、またできた感じ。

利家佩用の金鯰尾兜碑（高桑氏寄贈）の向こうに拝殿

⑧ ➡ **もっとくわしく!!** ➡ 43ページで解説

もっとくわしく!!

①尾山神社

　加賀藩祖利家と正室のお松の方を主祭神とする城下町金沢の代表的な神社。旧社格は別格官幣社。神門は国重要文化財（旧国宝）。

　もともと、2代利長が、越中にいた時に守護神としていた物部八幡宮と榊葉神明宮を遷座する目的で、金沢の卯辰山麓に社殿を建立し、利家の神霊を合祀した。

　1871（明治4）年の廃藩置県後、旧加賀藩士らは利家公の功績を後世に伝えるため、1873（明治6）年、旧金沢城金谷御殿の跡地である現在地に社殿を新築し、今日にいたる。平成になって正室お松の方も合祀している。

③れんがの玉垣

　尾山神社の創建は1873（明治6）年で、本殿をコの字型に囲む玉垣は、その頃造られ、現存する金沢のれんが建造物では最古とされる。一説には旧加賀藩臣の岸市之亟が泉州堺に出向き、れんが焼成法を身につけて帰沢し、金沢の春日山窯で製造したのでないかとの見方がある。また、その積み方も当時のイギリス式のもので、京都の同志社大学の現存れんが建造物と酷似しているとの指摘もある。いずれにしても、2年後に完成した神門と合わせ、尾山神社を文明開化の象徴として創建した関係者の心意気が伝わる。

②東神門

　尾山神社の東口にある神門で国登録有形文化財。もと金沢城二の丸の唐門と伝えられ、卯辰山招魂社神門として移されていたものを、1963（昭和38）年、現在地に移築した。1間1戸の向唐門で、屋根は桟瓦葺き、唐破風。主柱は円柱で、控え柱は角柱。両開き桟唐戸をたて、頭貫上は蟇股と波彫刻、桁上は大瓶束と雲竜彫刻を施しており、桃山風御殿洋式の豪壮な造りである。

　1759（宝暦9）年の大火の際、城内の大半の建造物が延焼したが、唐門が類焼を免れたのは、木彫の2頭の竜が水を呼んだためだとの言い伝えがある。

④武田友月

　武田友月は藩政期末期に金沢で活躍した木工師、陶芸家。本名は秀平。播磨国姫路に生まれ、京都で木彫、陶芸などの技を身につけた。1814（文化11）年に12代藩主斉広の時、重臣前田直方の招きで金沢に来てお抱え細工師として活躍、1844（弘化元）年に没した。加賀藩内、特に金沢で木工に腕をふるい、欄間や置物、能面などにのみをふるった。

　一方で友月は民山の名で陶芸も能くし、1822（文政5）年、青木木米が興した春日山窯が凋落しつつあるのを惜しみ、同地に再び「民山窯」の名で開窯した。

⑤森田柿園

森田柿園（1823−1908）は藩政末期から明治にかけて活躍した歴史家。本名は平次。藩内の歴史、民俗、地理などを研究し、著書も少なくなく、主な著書では、「金沢古蹟志」、「加賀志徴」「能登志徴」「白山復古記」「柿園日記」などがある。県立図書館にはこれらを集めた「森田柿園文庫」がある。

もともと武家に生まれ、県の役人を務める傍ら、郷土史研究に情熱を注いだ。1876（明治9）年、54歳で県を退職してからは、加賀藩関係の記録類の編纂や著述に専念した。また、旧藩主前田家の嘱託となり、編さん事業にも従事した。

⑥御細工所

江戸時代初期の加賀藩に成立した、武具類の管理と修復に当たった一役所。3代藩主利常の時代、井上権左衛門が御細工所奉行となり、足軽、御細工者を従えて任に当たった。当初は武具類の管理、修理が主たる業務であったが、長年、技能を磨いて、歴代藩主の美術工芸振興策により、極めて質の高い象眼や蒔絵などの技術を編み出し、磨いた。藩政中期までは城中三の丸に発し、新丸に御細工所があったが、藩政期末には、現金沢広坂合同庁舎辺りに移転しており、藩政期に御細工所の果たした役割は、今日の金沢を工芸都市として大きく発展させた。

⑦逆サイフォンの原理

水圧を利用して水を高い位置まで引き上げることを「逆サイフォンの原理」と呼ぶ。

藩政初期の1632（寛永9）年、小松の町人の板屋兵四郎は、寛永の大火後の城下町金沢に水を供給する辰巳用水を完成させるが、この用水は金沢近郊の辰巳の地から、犀川より揚水して小立野台地を通り、金沢城の用水としての役割を果たした。これに用いられたのが逆サイフォンの原理で、「伏越の理」と称された。兼六園から一段低い広坂を通り、やや高い金谷御殿へ通水したのは、まさに伏越の理が用いられたからである。

⑧尾山神社神門

尾山神社創建の2年後の1875（明治8）年に完成した、和洋中折衷の建築洋式を用いた異色の門。兼六園とともに、金沢のシンボルとなってきた。

棟札によると、建築総管は藤田貴知であり、工匠長は津田吉之助とある。

第1層には赤・青2色の戸室石を用いてあり、第3層は4面5色のギヤマン（ガラス）張りで、元は御神灯が点灯されていた。その放つ光は広く金沢の町を照らし、日本海を航行する船の目じるしにもなったという。また、3層目に設置された避雷針は全国最古のものとして知られる。

第3章

さあ加賀百万石回遊ルート
土塀の家並みを今に

武家屋敷跡はミニ城下町

加賀百万石回遊ルートの起点であり終着点にもなる長町武家屋敷跡。1章で鼠多門・鼠多門橋、2章で尾山神社を紹介致しました。いよいよ3章では、藩政期に中級武士らが住んだ長町から探索を始めましょう。

まさこ 今、私たちが歩いているのは長町の武家屋敷跡の歩行者専用道路よね。両脇が土塀でとても静かだし、ひと時、藩政の昔にタイムスリップしたような感じ。ちはや、長町の町名の由来知ってる?

ちはや 前に何かで知ったんだけど、藩の重臣に長家（ちょうけ）というのがあって、その名前にちなむんだっけ。

まさこ 由来にはいくつかの説があるみたい。金沢まちしるべの標柱というのがあって、それによると長町は「藩政時代はすべて藩士の邸地で、香林坊下から図書橋（ずしょばし）あたりまで長い町筋であったことからこの名がついたという」とある。長氏の名前由来

両脇に土塀のある長町武家屋敷跡の歩行者専用道路

説については、長家の上下屋敷とも今の長町にないけど隣接の玉川町あたりだから、否定はできないわ。

ちはや　なるほど。それはともかく長町と言えば、イコール武家屋敷というイメージね。ねえ、ネットで調べていたら①<u>**長町武家屋敷休憩館**</u>というのが出てきたの。行ってみない？（歩行者専用道路から歩いて数分）

まさこ　ああ、ここね。一帯の中心地みたい。最近、整備されたのかな。ちゃんと土塀があるし、塗られた土も新しいし、土塀のこば（木板）葺き屋根のこばも真新しい。

ちはや　あッ、黄色いTシャツのお

立派な門構えの長町武家屋敷休憩館

じさんがいる。

まさこ　金沢市観光ボランティアガイドの「まいどさん」じゃない。こんにちは。

まいどさん　こんにちは。長町武家屋敷のことなら何でもご案内します。

まさこ　「まいどさん」に聞けば大安心。よろしくお願いします。ここは説明パネルも整っていて、観光客の方には心強い案内所ですね。

土塀もこば葺き屋根も一新

親切に案内してくれる「まいどさん」（右）

①→ **もっとくわしく!!** →58ページで解説

45

「藩政期から」大屋家のみ
年中行事も昔のまま守る

「築300年」の邸宅について話す大屋家当主の大屋愷太郎さん

門の壁には国登録有形文化財（下）
と金沢市指定保存建造物の銘板

まさこ　ちはや、ではもう一度、武家屋敷エリアに戻りましょう。ところで、この長町で藩政期からのお屋敷が残り、しかも藩士の子孫が守っているのは何軒あるか知ってる？

ちはや　いやあ分かんないわ。でも、明治維新から150年以上経っているから、あるとしても数軒かな。

まさこ　たった1軒です。長町武家屋敷地区は市の景観地区に指定され、約7.7ヘクタールもあり住宅もたくさんあるのに、真の武家屋敷がポツンと1軒なんてちょっと寂しい。きょうはその1軒の大屋愃太郎さん（85）を訪ねましょう。こんにちは。

大屋さん　こんにちは。いつぞやは金沢ケーブルの番組でお世話になりました。きょうは何でしょうか。

まさこ　きょうは本づくりの取材です。大屋さん方は藩政期からここに住んでいらっしゃるのですね。

大屋さん　この建物は「築300年」ほどと伝えてきました。大屋家としては私から4代前の②<u>大屋愃敀</u>の頃から住んでいます。明治に屋根など改造しましたが、間取りなど昔のままです。私は大屋家19代目。元気な限り、妻とともに守ってまいります。

まさこ　お宅では、確か大みそかやお正月の1年間の習わしも昔のまま継承しているのでしたよね。

大屋さん　はい、先祖から受け継い

だままを、今も続けております。

まさこ　こちらでは、門を朝必ず開けられて、夕方締められるのが日課になっているそうです。家の中まで公開はしてないけど、観光客にもオープンな姿勢には頭が下がります。

ちはや　本当にそう思う。私たち訪ねる方からすれば、中を見たいという好奇心が頭をもたげるけど、実際に住んでいる人からすれば、たまったもんじゃない。でも、門だけは開けていらっしゃるのは、そうそう真似のできることじゃない。素敵です。

毎朝開かれ、夕方閉められる大屋家の門

②➡ **もっとくわしく!!** ➡58ページで解説

47

高田・新家邸の長屋門残る
大正の西邸も国有形文化財に

まさこ　今ほどの大屋家の主屋（おもや）と表門、北塀、南塀が国登録有形文化財に指定されたのが2003（平成15）年7月1日なんだけど同時に指定されたのが西家の主屋と土蔵なの。ただ、西家の建造年は1916（大正5）年なのよ。それでも同エリアで国のお墨付きをもらったのは2軒だけね。

ちはや　へぇ、主屋としては幕末はたった1軒、明治の建造物はなく、いきなり大正で、しかも1軒とはね。

まさこ　ただね、市としても保存に色々と手は打っているようよ。長屋門という藩政期に中級藩士に許された門構えがあるのね。その長屋門で、このエリアには文久年間に築造したと伝わる「旧加賀藩士③**高田家長屋門**」がある。これは市が保存建造物に指定して、後に買い取り、現在は公開されているわ。ここは無料で楽しめる。門附属の厩（うまや）などには藩士についての説明板などあり、勉強になる。

ちはや　市指定長屋門はこれだけ？

まさこ　もう一つある。新家邸長屋門。これも藩政末期なんだけど、外から門構えを観賞するだけね。それからさっきの西家は、2020（令和2）年春、市指定保存建造物にもなった。

金沢市が所有し、歴史建造物として無料開放されている旧加賀藩士高田家長屋門＝長町2丁目

高田家長屋門内側には厩（うまや＝右）も付いている。
左は出入口

③④➡ **もっとくわしく!!**➡58ページで解説

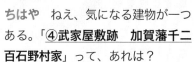

ちはや　ねえ、気になる建物が一つある。「④武家屋敷跡　加賀藩千二百石野村家」って、あれは？

まさこ　あの建物は、この地に住んでいた俸禄千二百石の藩臣野村伝兵衛信貞家の跡地の一角に、戦後、一般の方がその名を顕彰するため、加賀大聖寺藩の北前船船主久保彦兵衛の豪邸の一部を移築して、それを野村家屋敷として再現させたものなの。

ちはや　へえぇ、有料だからそれなりに見せる仕掛けが色々あるのね。

まさこ　そう、豪商の邸宅だけど藩主を迎える上段の間、謁見の間もあるし、庭園は米国の専門誌で日本国内3位と高く評価されたらしい。また、ミシュランの国内観光地格付けでも2つ星に輝いたと聞いています。

前田土佐守家の粋一堂に
向かいには老舗記念館

まさこ　ちはや、長町一帯は大野庄用水に沿った南北に細長い地形なんだけど、南端の片町2丁目に1万1千石の重臣⑤**前田土佐守家資料館**があって、北端には足軽という下級武士の家が移築されて公開されているの。

ちはや　なるほどね。でも、初めから意図したんではないのでしょ。

まさこ　で、南端の前田土佐守家資料館から訪ねましょう。勝手知ったるではないけど何度も来ているので、1階から案内するわ。前田土佐守家は加賀八家の一つで、藩祖利家とお松の次男利政の家系なの。だから直系。でも利政は徳川家には疎んじられたため、母お松の方の配慮もあって一家を成し今日に至っているの。

ちはや　あ、そこに展示してある甲冑は利政のものね。黒ずくめで兜がウサギの耳みたいで、カッコいい。

まさこ　この第1展示室は藩祖夫妻や土佐守家歴代について武具甲冑や掛け軸など詳しく知ってもらう空間、一角には上級武士の邸宅の一部が再

大野庄用水に架かる橋を渡って前田土佐守家資料館(右)へ。道路を挟み向かい側には金沢市老舗記念館

⑤⑥ ➡ もっとくわしく!! ➡59ページで解説

武具甲冑や掛け軸が並ぶ前田土佐守家資料館
第1展示室

ちはや わあ、時代劇に登場する薬屋さんみたい。薬って、薬草からこんなふうに作るのね。おもしろい。

まさこ 2階は「金澤老舗百年會(かい)」の協力による生活諸道具の展示スペース。ここもおもしろいでしょ。

ちはや 城下町金沢の老舗群の栄耀(えいよう)栄華(えいが)が心に響いてくるね。

現されているの。2階の第2展示室は古文書など史料が展示が専ら(もっぱ)。専門家にとっては興味深い部屋よ。

ちはや 次はお向かいの⑥**金沢市老舗(しにせ)記念館**。建物はとても古めかしい構えだけど、もともと何があったの?

まさこ 昔は南町の国道沿いにあった藩政期からの「中屋薬舗」だったの。都市計画に伴い市が1987(昭和62)年、店舗を譲り受けてここに移築し、89(平成元)年に老舗記念館としてオープンしたのよ。

金沢の老舗の婚礼儀式の品々を並べたコーナー
＝金沢市老舗記念館

昔ながらのたたずまいの旧中屋薬舗の店先
＝金沢市老舗記念館

足軽の家2棟を移築
石置き屋根、質素な生活

まさこ　南の端から北の端にやってきました。大野庄用水の畔（ほとり）です。

ちはや　あら、ちょっとした緑と水の空間に木のおうち。

まさこ　木のおうちと言っても、藩政期の城下町金沢にあった貴重な2軒。ここは足軽という下級武士の家を市内の他所から移築した「⑦金沢市足軽資料館」なのよ。

ちはや　さっき見てきた武家屋敷とは身分の違うお侍（さむらい）さんが住んでいたのね。そういえば外から見ると、2軒とも平屋（ひらや）建てだし、屋根も石置き式だね。

金沢市内ではたった3軒になった石置き屋根の家

⑦→ もっとくわしく!!→59ページで解説

足軽の家の内部。茶の間には御膳が並べられている

百万石の大藩が成り立ったわけ。縁の下の力持ち的な存在ね。

ちはや　士農工商という役割と階級の組織社会が藩で、各藩を支配していたのが江戸幕府ってこと。

まさこ　その通り。藩の最上に位置する武家社会だけでも上は1000石以上の人持組から平士、与力、御歩などがいて、下層に足軽たちがいた。そして、城下町でほぼ階級に従って地域割りされていたの。

まさこ　その通りね。江戸時代、他藩の足軽は長屋で暮らしていたのだけど、加賀藩では1戸建てが許されていたの。でも平屋で、間取りなどもほぼ定型だったようよ。

ちはや　中に入りましょ。なるほど今風のワンルームじゃないけど、質素な造りね。居間と台所と便所、生活に最低限必要な空間だね。

まさこ　加賀藩の足軽は武家社会の下層に位置していて、例えば、参勤交代の時に諸道具などを運ぶ役割など果たしたのね。百万石まつりで奴（やっこ）行列をみたことあるでしょ。

ちはや　なるほど、ああいう感じね。つまり、先ほどの武家屋敷に住んだお侍の下に仕えて、色々な仕事をしてたんだ。

まさこ　そう。でもこの足軽や中間（ちゅうげん）、小者（こもの）という身分の人たちがいてこそ、

移築された藩政期の足軽の家2棟がそのまま資料館になっている

大野庄用水は市内最古
邸内に取り込み曲水に利用も

まさこ　さあ、ではこの武家屋敷跡エリアの総括だけど、ここを彩り潤いをもたらしているのは何でしょう。

ちはや　はい、大野庄用水。

まさこ　ピンポーン。金沢には延長110キロ、55本もの用水が網の目のように張り巡らされているわ。中で最古が大野庄用水で2代藩主利長の家臣、富永佐太郎が約450年前の天正年間に開削したの。犀川から水を取り込んで、防火、防衛、景観護持、灌漑などに活かされてきたのよ。

ちはや　武家屋敷跡に現在住んでいる人は、用水から邸内に水を取り込んで、曲水に活かしている例もあるんだって。もしかして夏場はホタルが飛び交ったりしてたんじゃない？

まさこ　大野庄用水は藩政期には水運にも使われていたみたいよ。最下流は宮腰つまり金石へと続くんだけ

土塀下の石垣から大野庄用水を取り込む石製取水口

ど、金沢城を築く際、木材を城下まで舟で運んだという話も残っているの。だから別名は御荷物の御荷から御荷川とも呼ばれていたそうよ。また違う字を当てて鬼川とも呼ばれた。

ちはや　へぇー、あのコワーイ鬼。

まさこ　その鬼川のイメージで、風変わりな習わしがあるわ。

ちはや　何それ。教えて、教えて。

まさこ　鬼川の八つ橋渡りといってね。この用水の守護神とされる養智院という真言宗寺院が近くの片町2丁目にあるの。別名「鬼川の聖天」と呼んでいるけど、その上に架かっ

由来などを記した大野庄用水のまちしるべ標柱

た養智院橋を起点に、御荷川橋から長町一の橋、二の橋、三の橋と六の橋まで全部で8つの橋を渡ると、防火防疫の御利益があるそうよ。

ちはや　それって、金沢のほかの地域でもあるんじゃなかった？

まさこ　あるある。この用水は犀川系だけど、浅野川の中流域に「七つ橋渡り」というのがある。こちらはいわゆるボケ封じね。

大野庄用水を守護する「鬼川の聖天」の養智院

木で造られた長町三の橋

鞍月用水には貴船明神
新しい金沢中央観光案内所へ

南町の金沢中央観光案内所の外観

観光パンフレット類が揃った金沢中央観光案内所内

鞍月用水に架けられた小橋を渡ると貴船明神。覆いかぶさるようにして枝ぶりの良いマツ。鳥居の向こうの左が縁結び、右が縁切りの社

まさこ　もう一つ、用水の名所を訪ねましょ。鞍月用水、すぐそこよ。

ちはや　えぇ?これってお宮さん?

まさこ　はい、お宮さんです。ただし、縁結びと縁切りの神様なの。

ちはや　なるほど、用水をまたぐ橋の向こうに大小のやしろが見えるわね。どっちかが縁結びなのね。

まさこ　向かって左の大きいのが縁結び。でも、ちはや、あなたはまだお参りする年齢じゃないわね。

ちはや　でも、そのうち、ここにお参りに来るかも知れないわね。

まさこ　長町武家屋敷跡と隣接地区はこれくらいにして、次は南町に今夏、オープンした<u>⑧金沢中央観光案内所</u>を見に行きましょう。

ちはや　コロナ騒ぎでちょっと出だしが鈍ったけど、この施設がオープンした意味は大きいわね。

まさこ　ああ、見えた見えた。まさに観光金沢のど真ん中じゃない。

ちはや　ロケーションもいいし、既設ビルをリニューアルした外観も立派ね。

まさこ　中に入りましょうよ。

ちはや　ふーん、広々空間だなあ、天井も高いし。外国や県外からの観光客には、キチンとした対応だな、という印象を持つんじゃない?

まさこ　そうだね。加賀百万石回遊ルートの見どころのパンフレットはもとより、市内の例えば、三茶屋街とか、この夏オープンしたばかりの金沢港クルーズターミナルなどについても、県と市がタイアップしてガイダンスに徹していて地元の人たちも活用できるね。

ちはや　コンシェルジュのお姉さんもいるし、充実している。スペースも広いし、コロナが収束してからイベントも行えるね。

まさこ　次章から金沢城入りです。

⑧➡もっとくわしく!!➡59ページで解説

もっとくわしく!!

①長町武家屋敷休憩館

　長町武家屋敷跡を広く知ってもらうため金沢市が開設した。市の観光ボランティアガイド「まいどさん」が常駐しており、希望すれば長町界わいを懇切丁寧に案内してくれる。10人以上のグループでは、事前の申し込みが必要。

　建物はこば葺き屋根の土塀で、この地の典型的なたたずまい。武家屋敷の由緒などを記した観光案内コーナーや休憩スペース、トイレもある。

【所在地】長町2－4－36
【電話】076－263－1951
【開館時間】9:00－17:00
【休館日】なし（年中無休）
【入館料】無料

③高田家長屋門

　正式には旧加賀藩士高田家長屋門。市指定保存建造物。藩政期に平士級550石だった高田家の長屋門で建造時期は不明だが、文久年間（1861－1864）のものと伝わっている。

　屋敷自体は残存していないが、明治の早い時期、この長屋門の後部に増築する形で住居が付加された。この時、門口が玄関とされ、右手に位置する中間部屋も改造された。また、厠及び納屋部も台所などに変更された。現在、金沢市の所有となっており、長屋の古い柱などを基に、長屋の間取りは創建遺構に改造変更された部分を復元している。入場無料。

②大屋愷敆

　（1839－1901）。幕末から明治にかけての金沢の洋学者、地理学者、教育家。天保10年、加賀藩士の家に生まれ、学問を能くし、江戸や長崎に留学して洋学、蘭学を学ぶ。安達幸之助、鹿田文平に師事。1868（明治元）年、藩校壮猷館の翻訳方となり、砲台築造方、鋳砲局承事も務めた。維新後、金沢県文学教師となり、初等教育に尽力した。明治34年死去。著作に「万国名数記」「本朝国尽」などがある。

　兼六園を出た金城霊沢の前に、イノシシ2頭が地球を背にいただく、大屋愷敆顕彰石碑が建てられている。

④武家屋敷跡　加賀藩千二百石野村家

　野村家は、藩祖利家が1583（天正11）年に金沢に入城した際、直臣として従った野村伝兵衛信貞を祖として俸禄千二百石をとり、11代にわたって御馬廻組組頭などを歴任、この地に1000有余坪の屋敷を構えていた。

　現在あるものは廃藩の後、土塀、古木、曲水の一部が遺されていた現在地を一般人が買い取り、大聖寺藩の北前船の豪商である久保彦兵衛の屋敷の一部を移築し、手を加えたものである。

【所在地】長町1－3－32
【電話】076－221－3553
【開館時間】8:30－17:30（4～9月）
　　　　　　8:30－16:30（10～3月）
【入場料】大人550円、高校生400円、小中生250円 20人以上50円引

⑤前田土佐守家資料館

前田土佐守家は、藩祖利家と正室お松の方の次男の利政を家祖とした「加賀八家」(1万石以上の俸禄をとる8つの重臣家)の一つ。初代利政から始まって、明治維新を迎えた直信まで10人の当主を数える。

前田土佐守資料館は、同家に伝来した古文書約6千点をはじめ武具甲冑、書画など約9千点の歴史資料を保存、公開している。

【所在地】片町2−10−17
【電話】076−233−1561
【開館時間】9:30−17:00
【休館日】年中無休
【入場料】大人310円、65歳以上210円、高校生以下は無料 団体(20人以上) 260円

⑦金沢市足軽資料館

加賀藩の下級武士「足軽」の生活を知ってもらおうと、金沢市が平成初期、犀川右岸中流域の住宅地にあった先祖が足軽だった住居2軒を買い受け、長町武家屋敷跡地域の現在地に移築したものである。

旧早道町にあった高西家と清水家で、石置き屋根の平屋建て。住宅内はほぼ藩政期の姿が再現され、住居回りにも、植え込みなどが往時の姿のまま残されている。

【所在地】長町1−9−3
【電話】076−263−3640
【開館時間】9:30−17:00
【入場料】無料

⑥金沢市老舗記念館

藩政期からの薬種商であった「中屋薬舗」の建物を1987 (昭和62) 年に金沢市が中屋家から寄附を受け、文化財的に価値のある外観を保存し、店の間などを復元、伝統的町民文化の展示施設として1989 (平成元) 年に開館した。

木造2階建て427.21平方メートルで、1階にはみせの間、おえの間、茶室、座敷などがあり、2階は金沢の伝統的町民文化を紹介する展示場となっている。

【所在地】長町2−2−45
【電話】076−220−2524
【開館時間】9:30−17:00
【休館日】展示替え期間
【入場料】大人100円、高校生以下無料

⑧金沢中央観光案内所

2020 (令和2) 年6月19日にオープンしたばかりの、石川県と金沢が共同運営する観光案内所。

「加賀百万石回遊ルート」とホテルの建設が進む国道157号との結節点に、新たな情報発信拠点として、整備された。施設内には外国語対応可能なコンシェルジュが案内を行う観光案内カウンターや、広域観光情報のパンフレットなどを提供する観光情報コーナー、無料Wi-Fi、スマホ無料充電完備の休憩スペースがある。

【所在地】南町4−1
【電話】076−254−5020
【開館時間】10:00−21:00
【定休日】無休 【入場料】無料

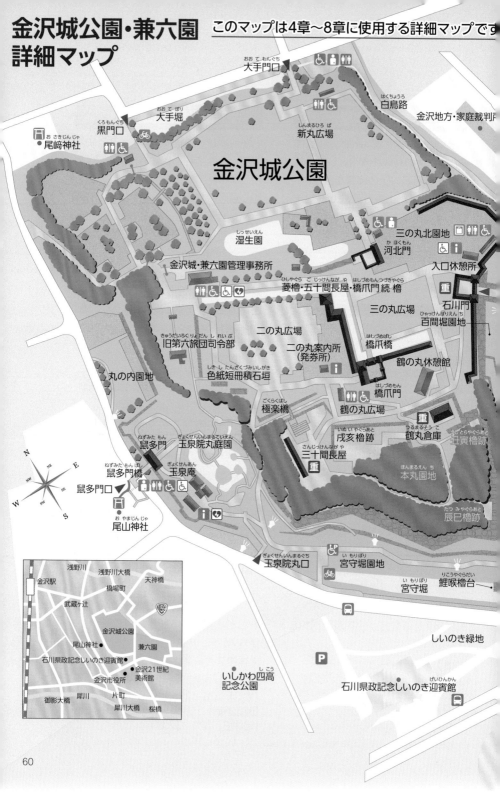

金沢城公園・兼六園 詳細マップ

このマップは4章〜8章に使用する詳細マップです

金沢城公園

大手門口（おおてもんぐち）
大手堀（おおてぼり）
黒門口（くろもんぐち）
新丸広場（しんまるひろば）
白鳥路（はくちょうろ）
金沢地方・家庭裁判所
尾﨑神社（おさきじんじゃ）
湿生園（しっせいえん）
三の丸北園地
河北門（かほくもん）
入口休憩所
金沢城・兼六園管理事務所
菱櫓・五十間長屋・橋爪門続櫓（ひしやぐら・ごじっけんながや・はしづめもんつづきやぐら）
石川門
三の丸広場
百間堀園地（ひゃっけんぼりえんち）
二の丸広場
旧第六旅団司令部（きゅうだいろくりょだんしれいぶ）
二の丸案内所（発券所）
橋爪橋（はしづめばし）
鶴の丸休憩館
色紙短冊積石垣（しきし たんざくづみいしがき）
丸の内園地
橋爪門（はしづめもん）
極楽橋（ごくらくばし）
鶴の丸広場
戌亥櫓跡（いぬいやぐらあと）
鶴丸倉庫（つるまるそうこ）
丑寅櫓跡（うしとらやぐらあと）
鼠多門（ねずみた もん）
玉泉院丸庭園（ぎょくせんいんまるていえん）
三十間長屋（さんじっけんながや）
本丸園地（ほんまるえんち）
鼠多門橋（ねずみた もんばし）
玉泉庵（ぎょくせんあん）
鼠多門口（ねずみた もんぐち）
辰巳櫓跡（たつみ みやぐらあと）
尾山神社（おやまじんじゃ）
玉泉院丸口（ぎょくせんいんまるぐち）
宮守堀園地（い もりぼり）
宮守堀（い もりぼり）
鯉喉櫓台（りこうやぐらだい）
しいのき緑地
いしかわ四高記念公園（しこう）
石川県政記念しいのき迎賓館（げいひんかん）

N NE E SE S SW W NW

浅野川
浅野川大橋
天神橋
金沢駅
橋場町
武蔵ヶ辻
金沢城公園
尾山神社
兼六園
石川県政記念しいのき迎賓館
金沢21世紀美術館
金沢市役所
御影大橋
犀川
片町
犀川大橋
桜橋

■菱櫓・五十間長屋・橋爪門続櫓・橋爪門（入館料）

Hishiyagura Turret, Gojikkennagaya Storehouse, Hashizumemontsuzukiyagura Turret, Hashizumemon Gate　Admission Fee
菱櫓・五十間長屋・桥爪门续楼・桥爪门（门票）
히시야구라, 고쥣켄나가야, 하시즈메몬츠즈키야구라, 하시즈메몬（입관료）

区分	個人 Individual 个人 개인　個人	団体（30名以上） (group of 30 or more people) 团体(30人以上) 단체（30명 이상）　團體(30名以上)	備考
大人 Adult 成人 어른　成人	**320円**	**250円**	18歳以上の方 (18 years old and above)　(18岁以上) (18세 이상)
小人 Child 儿童 어린이　兒童	**100円**	**80円**	6歳以上18歳未満の方 (6-17 years old)　(6岁以上18岁未满) (6세 이상 18세 미만)

■河北門（入館料無料）
Kahokumon Gate（FreeAdmission）河北门（免费入馆）河北門（免費入館）
가호쿠몬（입관료 무료）

■鼠多門（入館料無料）
Nezumitamon Gate（FreeAdmission）鼠多门（免费入馆）鼠多門（免費入館）
네즈미타몬（입관료 무료）

■兼六園（入園料）
Kenrokuen Garden Admission Fee 兼六園（门票）
켄로쿠엔（입원료）　兼六園（門票）

区分	個人 Individual 个人 개인　個人	団体（30名以上） (group of 30 or more people) 团体(30人以上) 단체（30명 이상）　團體(30名以上)	備考
大人 Adult 成人 어른　成人	**320円**	**250円**	18歳以上の方 (18 years old and above)　(18岁以上) (18세 이상)
小人 Child 儿童 어린이　兒童	**100円**	**80円**	6歳以上18歳未満の方 (6-17 years old)　(6岁以上18岁未满) (6세 이상 18세 미만)

交番
石川県観光物産館
P 石川県兼六
　駐車場
石川橋
桂坂口
桜ヶ岡口
茶店通り

特別名勝
兼六園

徽軫灯籠
唐崎松
噴水
霞ヶ池
蓮池門口
黄門橋
蓬莱島
内橋亭
栄螺山
夕顔亭
翠滝
瓢池
時雨亭
梅林
舟之御亭
随身坂口

上坂口
雁行橋
七福神山
千歳橋
明治紀念之標
兼六園菊桜
鶴鳴島
根上松
花見橋
山崎山
氷室跡
小立野口
成巽閣 重
いしかわ
生活工芸
ミュージアム

桜ヶ岡口
真弓坂口
石川県立美術館広坂別館
（旧第9師団長官舎）
石川県立美術館
石浦神社

金沢城・兼六園
管理事務所分室
（旧津田玄蕃邸）
金澤神社
金城霊澤

金沢21世紀美術館
国立工芸館

凡例
- 案内所
- お手洗い
- オストメイト対応
- 多目的お手洗い
- 路線バス
- タクシー
- P 駐車場
- 駐輪場
- 障害者用駐車場
- コインロッカー
- 神社
- 重 重要文化財
- AED
- 車イス貸出
- ▲ 入園者出入口
ライトアップ（22時まで）
- ⇌ 関係者以外の立入は
ご遠慮願います。

第4章

玉泉院丸から石垣の博物館

城中の再現庭園は玉泉院丸だけ
5年を経て風格出てきた

　鼠多門をくぐると玉泉院丸庭園です。5年前、北陸新幹線金沢開業に合わせて庭園が整備されました。平成最後の再現となった玉泉院丸庭園から金沢城公園に入っていきます。

まさこ　ちはや、あれから5年、懐かしいでしょ。

ちはや　メッチャ懐かしい。あの時は石垣も私には真新しかったし、お茶をいただいた①**玉泉庵**もできたばかりで、木の香もゆかしかった。

まさこ　そうね。5年だけど、歳月がこのお庭に風格をもたらしたね。

ちはや　さっきの鼠多門も、今は黒漆喰の黒が強くて、時代劇のセットみたいに感じるけど、そのうち黒がだんだん落ちついて、壁面の薄鼠色とフィットして、風格が出てくるん

じゃない。

まさこ　さて、玉泉院丸は誰が誰のために造成したか知っている？

ちはや　3代藩主利常が2代藩主利長の逝去（せいきょ）に伴い、越中高岡から金沢に転居した未亡人の玉泉院・お永（えい）さまのためにお屋敷を建てたんだよね。

まさこ　よく勉強したね、その通り。もともとこの一帯は西の丸といって重臣の屋敷が置かれていたんだけど、玉泉院のお屋敷となり、逝去（せいきょ）後は屋

池や橋の向こうに玉泉庵、鼠多門

① **もっとくわしく!!** →76ページで解説

池泉回遊式の醍醐味を味わえる園路

敷を撤去して、玉泉院丸と呼んだの。

ちはや 庭が整備されたのはいつ？

まさこ 寛永11（1634）年に利常が京都から庭師の剣左衛門を招き作庭したのよ。

ちはや へえぇ、当時も背景の石垣を生かしたお庭だったの？

まさこ いや、初期の頃は、文献にはないけど、当時普及していた池泉回遊式庭園にしたと思うわ。ただ、既に池泉回遊式庭園のバックにワイドに石垣が広がっていたかどうかは、はっきり分からないらしいね。

ちはや じゃ、目玉とされる色紙短冊積石垣もなかったの。

まさこ 文献にはないから断定はできないけど、近年の研究で、5代綱紀の頃、整備されたと聞いているよ。

4

背景に石垣がワイドに広がる玉泉院丸庭園。春から夏は豊かな緑に覆われる

鑑賞のための「庭園石垣」
施主は5代綱紀、色紙短冊積

玉泉院丸庭園石垣の目玉の色紙短冊積石垣。右上には黒い坪野石でしつらえたV字型の石樋

赤、青、黒の三色の石が組み合わされた石垣

再現されたカラカサ亭

まさこ　②色紙短冊積石垣の前にいるけど、何度見ても、この卓越したデザインには感心するわね。

ちはや　真四角の色紙、縦長の短冊の形を本当にうまく組み合わせてある。機能性からは出てこない発想ね。

まさこ　さっき言ったように、文人藩主の誉れ高い5代綱紀が、3代が造成した玉泉院丸庭園の基盤に磨きをかけるため、裏千家をつくった茶人千仙叟宗室に元禄元（1688）年、作庭を指示しているのね。

ちはや　それはすごい。きっと、茶会やお点前を意識した造りに改造せよということかな。

まさこ　文献には、厩を壊し、御亭や露地、花壇を造ったとあります。

ちはや　色紙短冊積石垣もその時、造ったか改造したのかな。

まさこ　近年の発掘調査の結果、5代綱紀が施主となって庭園を大規模に再整備した際、造成したようよ。

ちはや　見せる石垣というと、他にも工夫を凝らしたものはあるの？

まさこ　デザインではなく、石色の組み合わせでおもしろいのが、連らなる石垣の右側にある3色混合面。

赤と青の戸室石に加え黒の坪野石を交ぜて、意図して造ったのね。

ちはや　文人藩主は他にもいたね。

まさこ　幕末の文人藩主の13代斉泰が天保3（1832）年、「カラカサ亭」の設置を命じ、安政3（1856）年には滝をつくったとの記録がある。

ちはや　文人藩主の2人によってほぼ、今日の姿になったわけね。

まさこ　ところで、ちはや、色紙短冊の右隣におもしろい石垣石があるのよ。これね。石の角を落としてあるでしょ。これはどうも鎮魂の意をこめた「面取り石垣」らしい。でも、何のためか、はっきり分かってはいない。一説には、上方に一向一揆ゆかりの人物の塚があったからともされるけど、本当に不思議。

4

面取りの石垣

②→ もっとくわしく!! →76ページで解説

65

城内外は「石垣の博物館」
主には3種の積み方

まさこ　玉泉院丸庭園にも様々な石垣があったけど、金沢城には内外に多様な石垣があり、「石垣の博物館」と呼ばれているわね。玉泉院丸から下りて石垣の回廊を見て行こう。

ちはや　あっ、このあたりの石垣展示コーナー思い出した。2種類の実物大の模型展示は変わってないね。

まさこ　そうね。石垣の積み方は基本的に3種類あるの。まず自然石積み、これは自然の石や粗削りしただけの石を積む手法ね、次に形の整っ

石垣の積み方を示す実物大模型。手前は切石積み、右は粗加工石積み

た粗加工石を積む粗加工石積み、そして割石をさらに加工した石を使って、隙間なく積む切石積みを指すよね。

ちはや そうだね。大概、3種に当てはまることを頭に入れて、外回りから見て行きましょう。

まさこ この開けた一帯はね、明治の石垣って呼ばれているのよ。40年ほど前は、私たちが立っているこのあたりはテニスコートだったし、さっきの玉泉院丸は県体育館だった。

ちはや へえー、大変わりしたんだ。

寛文期に築かれ復元された鯉喉櫓台石垣

何で明治の石垣って呼ぶの？

まさこ 文字通り、明治末に城内に常駐していた③旧陸軍第九師団によって大改造されたからよ。南面の高石垣の上半分を撤去した石垣の石を使って、もともと無かった下段の石垣を、新たに造成することで2段構成に造り直したのね。

ちはや そういえば、お城の石垣って機能からすると、こんな段構造っていうのも珍しいんじゃない？

まさこ いいところに気がついたね。もう少し進むと角っこは4段構成になっているよ。辰巳櫓下の石垣。

ちはや その前に、このお堀角の石垣は確か平成に築かれたんだよね。

まさこ そう。鯉喉櫓台といって宮守堀とともに復元されたの。隣接する百間堀の水がこの石垣を回り込んで宮守堀に流れ込んでいたのね。これは5代綱紀の時代に築かれた粗加工石積みの「寛文の石垣」よ。

③ ➡ **もっとくわしく!!** ➡76ページで解説

辰巳櫓下は高石垣だった
井上靖が絶賛「百間堀の石垣」

まさこ　辰巳櫓って一時期、復元が取り沙汰されたけど、結局、史料が乏しく、工事が至難で見送られて、幻と化したの。ただ、その時、注目されたのが櫓下の石垣だったわ。

ちはや　どういう点で注目されたの。

まさこ　何せ目立つ角っこでしょ。明治期に4段構成になったんだけど、その前はどうだったかってね。

ちはや　ふーん、どうだったの。

まさこ　この石垣は実は高石垣と称して文禄年間（1592－1596）に造られた時は2段構成だったのよ。東面の石垣が「文禄の石垣」と呼ばれているの。2代藩主利長が重臣篠原出羽守一孝に命じて造らせたけど、当初高さ21メートルもある、当時国内有数の高石垣だったそうよ。

ちはや　じゃ南面の下から2段目はいつのもの？

まさこ　それは「慶長の石垣」と呼ばれていて、慶長年間（1596－1615）に造成されたのよ。文禄の石垣に覆いかぶせるようにして築かれ、高さは27メートルもあったの。

ちはや　そして最下段が明治なのね。この一角には文禄から明治に至る約300年の石垣の歴史が縦に展開してるんだ。

まさこ　今度は辰巳櫓から石川門の

石垣が4段で構成する旧辰巳櫓下

④→ **もっとくわしく!!** →76ページで解説

方へ進みましょ。今は道路だけど明治末までは百間堀という大きなお堀だったの。

ちはや　次はどんな石垣？

まさこ　外回りでは圧巻、「百間堀の石垣」。ここはほとんど自然石積み。金沢ゆかりの作家の**④井上靖**さんが、ここを「金沢城の石垣」と題したエッセーで絶賛しているのね。その末尾をちょっと紹介するわ。

ちはや　朗読の時間です。

まさこ　「いまでも金沢へきてゆっくり歩いてみたいと思うのは、百間堀付近である。金沢城の石垣を見渡すのに一番いい場所であるからだ。

辰巳櫓下の石垣。左下が慶長の石垣、右手前が文禄の石垣

金沢は金沢城あっての金沢であるが、その金沢城の美しさが大部分を負うているのは石垣である。この石垣の美しさだけは、どんな場合でも金沢の街が失ってはならぬものだと思う」

作家の井上靖が「新版　金澤・百萬石の城下町－美しきニッポンの遺産」(時鐘舎)所載のエッセーで絶賛した自然石積みの「百間堀の石垣」

隣り合うのに積み方違う
5千個組んだ平成の復元

まさこ　ここからは城内ね、まずは石川門から。入ってびっくりするよ。

ちはや　あっ隣同士の石垣が違う積み方だ。向かって左が粗加工石積み、右は切石積み。何か意味あるの。

まさこ　門をくぐったこの場所を⑤枡形というんだけど、もともと、粗加工石積みだけだったのが、火事が原因で左右別の積み方になったの。

ちはや　なぜ？詳しく教えて。

まさこ　1759（宝暦9）年に城下町金沢の大半が焼失した「⑥宝暦の大

石川門の枡形の右は切石積み、左は粗加工石積みと隣接好対照の石垣

菱櫓や五十間長屋などの復元に合わせて修理された内堀石垣

まるまる復元された鶴の丸付近の内堀石垣

火」は石川門にも及んだのね。比較的、何とか石垣の原型を保った左側の粗加工石積みはそのままにして、炎や高熱で影響の大きかった右側を、大火から6年経った1765（明和2）年に、思い切って改造したのよ。

ちはや　で、右側は切石積みにしたわけか。積み方の競演となった。

まさこ　次はいよいよ平成の大復元。菱櫓、五十間長屋、橋爪門続櫓という建造物もなかなか大変だったけど、石垣がまた大変だった。積み方はおおむね粗加工石積みだけどね。

ちはや　どう大変だったの。

まさこ　対象の石垣は残っていたけど、長年の間に変形して石垣が外側にせり出してきたので、いったん解体して積み直したそうなの。

ちはや　そりゃ想像を絶する難題だ。

まさこ　石垣の元あった場所が分からなくならないように、1つ1つの石に番号をふり、その後1度解体して、また組み直していったわけね。気の遠くなるようなパズルだった。

ちはや　職人さんたちに脱帽です。

まさこ　3つの建物を合わせると、長さが100メートルを超える巨大石垣を成した石は約5千個あったんだって。中でも鶴の丸付近の内堀石垣はまるまる復元だったんだよ。それにかなりの数の石を新たに削ってつくって、もう尊敬するのみね。

⑤⑥➡**もっとくわしく!!**➡77ページで解説

凝った積み方、加工も様々
風流、風雅や風水を意識

まさこ　今度は風流、風雅を意識したり、⑦風水を意図した石垣です。

ちはや　へえぇ、玉泉院丸の色紙短冊積みたいな石垣なの？

まさこ　そうね、同種といっていいでしょ。ここはお城の西側、数寄屋屋敷石垣っていうのよ。どう？見ての感想は？

ちはや　確かに本来の役目を果たす石垣じゃないわね。横長の石が横に長く積んであるなんて。武者たちの臭いがしない。文人趣味というか。

まさこ　いい感性ね。数寄とは和歌や茶の湯、生け花など風流を好むこと。3代利常の時代、このあたりに数寄屋屋敷を初めて造ったの。ただ、このように造成されたのは5代綱紀の時に、玉泉院丸と同じく庭園回りの再整備でつくられたと考えられているわ。

ちはや　次はどこ。どんな石垣？

まさこ　次は三十間長屋よ。ここは切石積み石垣でも、石そのものにさらに凝った加工をしているの。表面の縁取りだけをきれいに削りそろえ、

それ以外は表面の「こぶ」を残して加工する「金場取り残し積み」という技法。これも常在戦場の感覚じゃないわね。

ちはや 確かにね。でも、切石積みをさらに進化させたと言えるね。

まさこ 次は石垣のカタチを追って極楽橋を渡り土橋門へ下りましょ。

ちはや ああ、前に見たね。

まさこ そう、六角形の石。ここは北の丸と三の丸をつなぐ土の橋の先にあった土橋門跡です。切石積みの土台の中に、不思議な六角形石があるのだけど、何のためだっけ？

ちはや おまじないだったかな。

まさこ 当たらずとも遠からず。六角形は亀の甲羅を表し、亀甲石といって、水を象徴する亀の力を借りて

横長に展開する数寄屋屋敷石垣

防火の願いを込めたのね。

ちはや 藩政期に金沢城はいくつかの大火に見舞われているからね。建造物を焼き尽くし、猛火で石垣も多大な損傷を受けたから。この石には防火の悲願が込められているんだね。

4

土橋門の亀甲石

三十間長屋の表側を彩る金場取り残し積みの石（中央）

⑦ ➡ **もっとくわしく!!** ➡77ページで解説

73

藩政期から残る大手堀
平成に一部甦った宮守堀

まさこ　特異な石垣をもう一つ。⑧**参勤交代**の出入口となった尾坂門にある「鏡石」。陰陽の大石を粗加工石積みに組み込んであるの。正門としての威厳とともに、除災を期した風水の考え方が根底にあるらしい。

春には沿道(右側)の桜並木が爛漫となる大手堀

ちはや　ねえ、すぐそこはお堀だよ。

まさこ　大手堀ね、藩政期、金沢城には4つの外堀があって、そのうちの一つね。4つとはこのほか、百間堀、宮守堀（いもり）、白鳥堀（はくちょう）。今でも水をたたえているのはここと、さっき見て来た鯉喉櫓台のある宮守堀の2つね。

ちはや　でも宮守堀は平成に一部復元されたんでしょ。それまでは、この大手堀しか残っていなかったんだよね。

まさこ　4つの外堀が大きく動いたのは明治末。満々と水をたたえていた百間堀を埋め立てて道路にしたのよ。金沢の近代化の一環で、宮守堀も白鳥堀も順次埋め立てられた。

ちはや　白鳥堀って、今の白鳥路（ろ）がそうだったの。

まさこ　そう。白鳥路は車が通れないように、いわば散策路にしたんだけど、百間堀と宮守堀は車の行き交う道路になった。特に百間堀通りは戦後、路面電車が通っていたのよ。

ちはや　なるほど。かつては敵の侵入を防いで設けられた外堀も明治から大正、昭和、平成と時代を経て、用途が大変わりしたんだね。

まさこ　そうなの。だから、今ある堀あるいは堀跡の楽しみ方はある。

ちはや　具体的にいうと？

まさこ　一部復元された宮守堀。初夏なら、水辺に飛来する野鳥を観察するバードウォッチャーの密かなポイントになっているらしいの。

ちはや　今風ね、ほかには。

まさこ　春なら大手堀の桜並木ね。それに百間堀跡に面した旧沈床園の百間堀園地。花見の宴の今や名所の一つよ。白鳥路なら紅葉の秋かな。金沢三文豪の像の前を通って、ゆく秋を惜しむのも乙（おつ）なものでしょう。

鯉喉櫓台から望む宮守堀

⑧➡ もっとくわしく!! ➡77ページで解説

75

もっとくわしく!!

①玉泉庵

　平成の玉泉院丸庭園整備に伴い、藩政期、庭の整備管理を所管する露地役所などが置かれていた場所に、庭園を一望できる休憩所「玉泉庵」を新設した。休憩機能だけでなく、案内所や茶室としても利用できる和室もある。和室では呈茶サービスを行い、本格的な茶会など多目的に利用可能。

【所在地】金沢市丸の内1-1
【電話番号】076-221-5008
【茶室営業日】1月4日〜12月28日
【営業時間】9:00〜16:30
　　　　　　（受付は16:00まで）
【抹茶】和菓子付き730円
※貸し切りなどにより利用できないことがある。

③旧陸軍第九師団

　1898（明治31）年、日露戦争を想定した軍備拡張に伴い、旧金沢城内に旧陸軍第九師団および第六旅団と歩兵第七連隊が置かれた。

　初代師団長は、日清戦争当時、歩兵第七連隊と同第十九連隊を指揮した、歩兵第六旅団長大島久直中将だった。第九師団は精強をもって知られ、日露戦争では、乃木希典大将麾下の第三軍に属し、数々の戦功を重ねた。

　第九師団司令部が置かれて以来、城内の改造がさらに進み、辰巳櫓下の高石垣は4段構成に変容した。

②色紙短冊積石垣

　色紙のような正方形、短冊のような縦長長方形の赤・青戸室石を組み合わせた数寄石垣。築造年代ははっきりしないが、5代藩主綱紀が庭園を大規模改修した際、造成したとみられる。

　この石垣の上に滝が組み込まれており、「見せる石垣」を目論んだとみられる。その滝口には、黒色の坪野石のV字形石樋が突き出ており、色紙短冊積石垣の下方には、段落ちの滝もしつらえられていて、水はその下の池に注ぎ込む。庭園を露地側から眺めると石垣と水と緑を配した、巧みな池泉回遊式の庭園を、数寄趣味で究めた造園の意図がひしひしと感じられる。

④井上靖

　井上靖は1907（明治40）年、現在の北海道旭川市で生まれ、静岡県伊豆湯ケ島出身の小説家。27（昭和2）年、旧制第四高等学校（四高）理科甲類に入学、柔道部に所属し、詩作にも励んだ。京都帝国大学哲学科を卒業。戦後、毎日新聞記者として活躍。一方で創作活動も行い、「闘牛」で49（同24）年度芥川賞を受賞。小説「北の海」では、四高に入り、柔道部の稽古に励む主人公の伊上洪作を描く。寺町台地から犀川・桜橋へ続くW坂（石伐坂）や兼六園など金沢のところどころが風情豊かに描かれており、エッセーでは特に金沢城の石垣への思い入れを述べている。

⑤枡形

城郭建造物の一つ。城外から城内に通ずる門、あるいは城内の主だった門に設けるもので、侵入してきた敵の直進を妨げる、金沢城では四方が石垣に囲まれた空間。石垣上には櫓があり、石落としや窓から石や鉄砲で敵を撃退する。戦国時代、盛んに造られた城の防御空間だが平時においても、基本構造として、そのままカタチが残った。

城郭建造物だけでなく、城下町でも惣構にも升形（この場合は升）は設けられた。金沢では2018（平成30）年、西外惣構と旧宮腰往還が交わる地点にあった高さ約5メートルの土盛り建造物の升形が復元された。

⑥宝暦の大火

城下町金沢の藩政期の大火でも最大とされる。1759（宝暦9）年4月10日10代藩主重教のときに発生した。

泉野寺町の寺院から出た火はフェーン現象下の南風にあおられて、たちまちのうちに犀川を越え、金沢城に及び、城の主要建造物を焼き、さらに城下町の広域を焼き尽くした。

藩から幕府に提出された報告書によると、この火災で藩臣邸、寺社、町家など1万500余軒が焼失し、26人の焼死者を出したとされる。

宝暦大火での城内の焼損個所は142カ所と報告されたが、このうち30カ所は石垣の傷んだところとされた。

⑦風水

古代中国の思想で、都市、住居、建物、墓などの位置の吉凶禍福を決定するために用いられてきた、気の流れを人の関わる物の位置、建物の向きなどで制御する。風水は北からの外敵を想定しての陰陽五行説に基づき、方角の吉凶も定めた。日本にも伝来し、古代の都づくりにも影響した。

加賀藩でも藩祖利家が城下町金沢を造る際に、風水をかなり取り入れたとされており、鬼門（北東）や裏鬼門（南西）に鬼門封じを行ったとの見方もある。例えば、鬼門の卯辰山山麓の宝泉寺には、利家が守護神としていた摩利支天を置くなどしたのが根拠とされる。

⑧参勤交代

徳川幕府は1635（寛永12）年、武家諸法度を改定し、参勤交代を諸大名に義務付けた。「参勤」とは将軍の下への出仕、「交代」は領地に帰って政務を執ることである。加賀藩でも藩主は1年ごとに江戸と金沢を行き来することになり、藩主の妻子は人質として江戸住まいが義務付けられた。加賀藩は藩政期に190回参勤交代し、大名行列は3つの道筋を利用した。筆頭は北国下街道コースで金沢を出て、富山から江戸に至るもので、181回と最多。下街道だと、距離は120里（約480キロ）で標準所要日数は12泊13日だった。

第5章

平成の築城から始まった

3 建造物が復元の口火
23年前、平成の築城から

　金沢城公園の根幹を成す建造物を見て行きます。「学都金沢」のシンボル金沢大学が郊外へ移転して、平成到来とともに、石川県によるダイナミックな復元整備が始まりました。

まさこ　ちはや、ここからは金沢城公園の建造物に入りましょう。

ちはや　お城と言えば建造物だね。

まさこ　ちょっと、復習をしましょう。金沢城というこの台地末端の主（あるじ）は1583（天正11）年に藩祖利家が入城する直前は①**佐久間盛政**（もりまさ）、その前は②**金沢御堂**（みどう）という一向宗、後の浄土真宗の拠点だったでしょ。約300年の前田家歴代の藩主を経て、その後、大きく何回変わると思う？

ちはや　うーん、大きくは2回かな。明治の廃藩置県前までは前田家だっ

たわけでしょ。その後、旧陸軍第九師団が入って主は師団長さんかな。これで1回目。終戦後、③**金沢大学**が入って主は学長かな、学生さんたちが主役となって、2回だね。

まさこ　そうよね、「お城の中の大学」が売りだった金大が角間に移転して石川県による平成の築城計画に着手したのは1997（平成9）年11月。第1期整備事業の菱櫓、五十間長屋、橋爪門続櫓の復元は1999（平成11）年3月に着工し、大径木の調達、土台石垣の解体、修築、そして建造物復元と実に3年8カ月かけて完成したの。

第2期整備事業の目玉となった河北門

①②③ ▶ もっとくわしく!! ▶88ページで解説

第2期整備事業の橋爪門二の門

ちはや　逆に3年8カ月であれだけのものがよくできたと思うわ。

まさこ　ホントよね。関係者の多大なる努力のたまものよね。さらに2005（平成17）年度から2014（同26）年度までの第2期整備事業では、河北門と橋爪門二の門の復元、玉泉院丸庭園の再現などが実現したのね。

ちはや　とすると、今回の鼠多門の復元、鼠多門橋の整備は、第3期整備事業なのかな。

まさこ　そう。第3期整備計画は2015（平成27）年に打ち出されたけど、2017（平成29）年度には鶴の丸休憩館が整備され開館したわね。

ちはや　5年前にはなかったね。見るのが楽しみ。

まさこ　今年は鼠多門、鼠多門の完成で「加賀百万石回遊ルート」が完成したのだから、大きな節目に、ちはやも県民の一人として出会えたのね。

5

復元はここから始まった。右から菱櫓、五十間長屋、橋爪門続櫓

妙技を結集、菱形ずくめ
90メートル超の武器収納庫

鈍角100度の角が威風いや増す菱櫓

菱櫓の木組み模型の向こうは
90メートル超の五十間長屋

まさこ　では、個々の建物を見ていくよ。超絶技巧の菱櫓から。

ちはや　ああここも鮮明に覚えている。だってノーマルな造りではない。

まさこ　思い出した？木造建造物は普通は切り口が正方形や長方形の木材を使うのに、ここは柱も床も腰板もすべて菱形ずくめだったよね。

ちはや　そうそう、全部、鋭角80度、鈍角100度。しかも、すべてはめ込み式で。これは設計者も大工さんも手の抜けない仕事だって感心したわ。

まさこ　あの時、柱に曲尺（かねじゃく）をあてたら菱櫓の柱は90度の角にキチンとはまらず、曲尺と柱の間に鋭角三角形の隙間（すきま）ができたよね。ところが、続きの五十間長屋の柱だとキチンと90度の曲尺に柱の角がはまる。もちろん柱だけでなく床板もそれに合わせてある。いやぁすごいと感激した。くぎを使わない④**木造軸組工法**という妙技に加え、すべて80度か100度に切りそろえてはめこんでいくのは、私など想像を絶するよ。

ちはや　しかも、こんな難題に挑戦した理由にも感心した。一つは櫓本来の監視する視野をワイドに取る、つまり外側に面した角は100度にした、もう一つは100度の一角は威風辺（あた）りを払う様（さま）が普通の90度とはぜんぜん違うということだった。まさに理詰めの堅城よね。

まさこ　菱櫓に続く五十間長屋もまたすごいのよね。ここは全長90メートル超の武器などの収納庫よね。今は何も置いてないけど、その昔は鉄砲や槍、弓矢など、いざ有事に即応できるようになっていたんだわ。

ちはや　この内側に藩主が住む二の丸御殿があったんだから当然よね。

まさこ　5年前と比べて、展示パネルなどもさらに充実したんじゃない。いいことだと思う。もちろん武器庫を再現するわけにはいかないからね。

広々空間の所々に木造軸組工法への理解を深める構造模型

④→　**もっとくわしく!!**　→88ページで解説

二の丸に続く正門の威
一の門、二の門にも技を極め

まさこ　第1期と第2期の整備計画でどっしりとした威厳が漂う櫓に仕上がったのが橋爪門続櫓と一の門、二の門ね。内堀に架かった橋を渡って入りましょ。

ちはや　あっ、ここ思い出した。玉泉院丸庭園と同じ時期に二の門を復元して完成形になったって聞いたわ。

まさこ　そうね。何せ橋爪門は藩主がお住まいになる二の丸に入る最後の門だから格式高く、豪華な造りになっているの。

ちはや　なるほど、一の門をくぐって枡形（ますがた）があって、すぐ二の門、さすがに警備に万全を期している姿勢がひしひしと伝わってくるね。門を覆った鉄板や鋲（びょう）はまるで鎧（よろい）を着ているみたい。

まさこ　ちはや、ちょっと足元を見て。この敷石はただものじゃないわよ。ほら一枚一枚は正方形だけど、縁石に対し45度に配してある。正方形を斜に見せる⑤四半敷き（しはんじき）と呼ぶらしい。使われているのは赤戸室石。

二の丸の正門の役割を果たす橋爪門一の門（右）と二の門

闖入者へ大小の石を落とすための石落とし

正方形の石を縁石に対し45度に配した四半敷き敷石

粋な意匠だと思わない？

ちはや　さっきの菱櫓といい、この敷石といい、前田のお殿様はよほど菱形とか斜の構えがお好きだったの

かな。あっ、門の横には番所があるよ。衛士が常駐してたんだ。2階に上がれる階段もついている。

まさこ　これは関係者から聞いたんだけど、観光客のために、続櫓とはつながっていなかったのを、続櫓の方から2階に行けるようにしたんだって。なかなか粋な計らいね。

ちはや　じゃ、続櫓に入ろう。2階をみてみましょう。ここは菱形ではないんだね。

まさこ　どこでも菱形でいいっていうもんじゃないわよ。この櫓ではむしろ、闖入者を水際で食い止める役割が課されていたんでしょ。

ちはや　その証かな。こんな仕掛けがあるよ。

まさこ　ああ石落としね。この横長の穴から枡形に乱入した敵を撃退するため、大小の石を落としたのよ。

⑤ ➡ **もっとくわしく!!** ➡89ページで解説

83

どっしり安定感の河北門
三御門がすべてそろった

まさこ　今さら聞くまでもないけど金沢城の三御門って言ってみて。

ちはや　元からあった国重要文化財の石川門、平成の築城でよみがえった橋爪門、それに河北門でしょ。

まさこ　そうね。数え方にもよるけど、30ほどあった金沢城の門でも三御門は他とは違って、いずれも一の門、二の門、櫓台、それに枡形土塀で構成されていて、格式も防御性も群を抜いている。

ちはや　まさに鉄壁の守りなのね。三御門の中でも筆頭はどの門？

まさこ　筆頭かどうかはわからないけど、河北門は事実上の正門と言えるでしょう。なぜなら、さっき石垣の章で紹介した尾坂（大手）門は、城外への正式な出入口でしょ。城内での表玄関はと言ったら河北門なの。

ちはや　石川門が正門だと思ってた。じゃなんで河北門と呼んだの？

まさこ　諸説あってね。昔の河北郡つまり現在のかほく市や津幡町、内灘町に向かう方向に位置したからだとか、門を造るときに河北郡の人たちに動員をかけたから、とか言われている。でも、結局のところ、よく

河北門の外観にも配慮したバリアフリーの木製スロープ

⑥→ もっとくわしく!! →89ページで解説

河北門枡形の白壁の中は「隠し石垣」

わからないみたい。

ちはや　三御門の中でも、河北門は長い木製スロープが付いているね。

まさこ　そう。バリアフリー対策ね。外観も損ねないように配慮した、ぬくもりある木で造り、長さは述べ約79メートル、展望デッキもあるわ。ところで、ちはや、河北門のユニークな仕掛けを紹介するね。それは枡形の白壁にあり。近づいて見て。

ちはや　別に、ただの白い壁でしょ。

まさこ　白壁の下に石垣が隠されているのよ。古い史料に「城内で唯一の**⑥隠し石垣**がある」と書かれていたのを、忠実に復元したそうよ。頑丈を期すとともに見た目の優美さも狙った、すごい造りなの。

ちはや　ひょえぇ〜。

5

どっしりと安定感のある河北門

鶴の丸休憩館は鑑賞空間
ガラス越し、「内側」つぶさに

まさこ　第3期整備計画の目玉の一つは⑦鶴の丸休憩館だったわね。行ってみましょ。

ちはや　一段高いところに鶴丸倉庫が見えて、橋爪門続櫓やそれに続く内堀のすぐ裏側ね。前に芝生もあるし、横長、一面が総ガラス張りの建物はスマートの表現がピタリだね。

まさこ　なるほど。今風の表現ね。外観もさりながら、中を拝見。

ちはや　すばらしい！一面すべてガラス張りで、しかも、椅子がちょう

ど良い距離で配されている。

まさこ　この休憩館のコンセプトは金沢城公園全体を歴史展示館、フィ

タッチパネルで検索できる「金沢城歴史絵巻」

超ワイドなガラス越しに望む復元造物群

復元建造物を鑑賞する側は超ワイドなガラス張り

ールドミュージアムととらえた情報発信拠点なんだそうよ。1枚が最大6メートル幅の大判ガラスを使用して開放感を演出しているんだって。それに、能登ヒバなどの県産木材をふんだんに使った和風デザインで統一している。

ちはや ちょっと、座って楽しみましょうよ。

まさこ 確かに、ゆったり座れて、視角が180度。視野には手前に芝生で無駄なものは1つもなく、**⑧鉄砲狭間**など橋爪門周辺の内側の様子をじっくり鑑賞できる。休憩しながらお城の景観を堪能できるのは本当にすばらしい。ちはや、展示スペースもみてみよう。

ちはや このスペースもなかなかいいね。お城の歴史が分かるビジュアルな「金沢城歴史絵巻」や情報検索システムも最新の構えじゃない。

まさこ 私みたいなアナログ世代でも操作できるかな。

ちはや 大丈夫、大丈夫。画面のメッセージ通りにタッチすれば、どんどん進んでいくよ。習うより慣れろって言うじゃない。それより、そこの「豆皿茶屋」で一服しない？金沢の和菓子、洋菓子、お寿司まである。ねぇ入ってみようよ。

金沢の和菓子などが楽しめる飲食スペース「豆皿茶屋」

⑦⑧ → **もっとくわしく!!** →89ページで解説

もっとくわしく!!

①佐久間盛政

　加賀藩祖前田利家が入城する前の初代金沢城主。1554 (天文23) 年、尾張国の生まれで織田信長の家臣として数々の戦功を挙げ、1580 (天正8) 年11月、加賀一向一揆の金沢御堂陥落により、加賀金沢城の初代城主となった。

　「鬼玄蕃」とも言われて信長から目を掛けられていたが、信長の横死後、賤ヶ岳の戦いから命運は暗転する。柴田勝家側について一時は善戦するが、秀吉が駆けつけたことで戦況は不利となり、遁走するも秀吉側に捕らえられた。最期は京都で斬首となる。秀吉は盛政の武辺魂に心を揺さぶられ、何度も自刃を勧めたが応じなかった。

③金沢大学

　終戦により旧陸軍第九師団らがいなくなった金沢城址は1949 (昭和24) 年、新制大学として国立金沢大学のキャンパスとなった。

　法文学部、教育学部、理学部、教養部が配置された。当初は木造校舎であったが、鉄筋コンクリート建て学舎が並ぶ、近代キャンパスにとって変わった。

　学生運動の嵐が過ぎ去った1970年代、大学移転の話が持ち上がり、山間の角間地区に移転地を得、1989 (平成元) 年から94 (同6) 年までに移転した。

②金沢御堂

　加賀では15世紀末から約100年にわたって一向一揆衆による共和制が敷かれた。その拠点となったのが、今でいう小立野台地の先端部にある金沢御堂であった。

　一向一揆勢は1488 (長享2) 年洲崎慶覚を指導者として、高尾城を居城としていた富樫政親を自刃に追い込んだ。これにより、加賀国は約100年にわたって、一向宗を信奉する百姓たちと、本願寺坊官らによって支配される「百姓の持ちたる国」になった。

　一向一揆勢は1546 (天文15) 年、金沢城が建つ前の地に、坊舎を建立し、これを信仰の拠点とした。

④木造軸組工法

　木造軸組工法は、古来から伝わる伝統工法と、これを簡略化した一般住宅で普及している在来工法に分けられる。

　伝統工法は、太い柱や梁で構成され、金物を使わず、木の特性を活かす仕口、継ぎ手で組み上げられ、大きな地震があっても、建物全体で揺れを吸収し、受け流す、柔軟な木組みとなっている。

　在来工法は、柱、梁及び筋交いで構成され仕口や継手といった接合部を金物などで補強する工法で、筋交いで地震を受ける強固な木組みとなっている。

　菱櫓、五十間長屋、橋爪門続櫓から始まった金沢城平成の復元は、伝統工法である木造軸組工法で行われた。

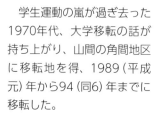

⑤四半敷き

　石畳などの石敷き、瓦敷きなどで、正方形の石や平瓦の目地が、縁石に対して45度になるように斜めに敷いた工法。

　平成に復元された橋爪門二の門にこの工法がみられる。

　1631 (寛永8) 年の「寛永の大火」で城内の主要建造物を焼失し、本丸にあった御殿が二の丸に移って藩政の中心になったことに鑑み、二の丸の正面に当たる橋爪門の二の門床石畳には、二の丸御殿の玄関周りと同じ「四半敷き」の工法が用いられている。これは二の丸御殿の正門としての格式を表しており、すべて戸室石で構成されている。

⑦鶴の丸休憩館

　2017 (平成29) 年4月、既設の休憩所の老朽化に伴い、金沢城公園第3期整備計画の目玉として誕生した。

　▷案内▷展示▷休憩▷飲食の各スペースで構成され、休憩スペースはワイドなガラス越しにゆったり城郭景観が楽しめる。展示スペースでは、「城と庭の魅力発信ゾーン」「歴史回廊ゾーン」から成る。飲食スペースには「豆皿茶屋」が出店する。

【所在地】金沢市丸の内1-1
【電話番号】「豆皿茶屋」076-232-1877
【開館時間】
3月1日〜10月15日　9:00〜18:00
10月16日〜2月末日　9:00〜17:00
【入館料】無料

⑥隠し石垣

　金沢城の石垣積み石工の巨匠後藤彦三郎の文書「城内等秘抄」によると、「河北御門升形御石垣折廻りシねり塀之中御石垣隠シ石垣と申候」と「隠し石垣」について記述され、「隠石垣ハ　御城中此所壱ケ所に御座候」と城内唯一の存在であることを強調している。

　ただ、その目的については言及していないが、平成の復元では、この記述を尊重して「隠し石垣」を復元した。

　もっとも、宝暦の大火で焼失した河北門は1772 (安永元) 年に再建され、事実上の正門であったことから、防御的な堅牢さと土塀を白漆喰で塗り込めた美観も尊重したとする見方もある。

⑧鉄砲狭間

　城外から攻め込んでくる敵、あるいは城内に入った敵を撃退するため、櫓や壁などに設けた鉄砲を突っ込むための穴。金沢城の鉄砲狭間は塀や壁などの外面の見た目から、有事に板の覆いを突き破って銃眼とするタイプが多い。また、河北門一の門の脇土塀は海鼠壁仕上げで、土塀の内側には、いわゆる隠し狭間が設けられている。有事にはこの狭間外側の海鼠壁を破って鉄砲狭間に使う。

　鶴の丸休憩館の中からワイドなガラス越しに、居ながらにして、橋爪門に続く塀の鉄砲狭門の内側をみることができる。

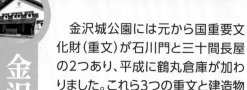
昭和に残った3建造物
石川門の中は「常在戦場」の跡

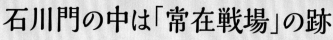

　金沢城公園には元から国重要文化財(重文)が石川門と三十間長屋の2つあり、平成に鶴丸倉庫が加わりました。これら3つの重文と建造物なき本丸など主な郭(くるわ)を探査しました。

まさこ　昭和の金沢城といえば、やはり石川門だったわ。戦後、城内は金沢大学となり、お城らしい建造物は石川門と三十間長屋くらいだった。

ちはや　あっ、そうか、金沢城が今の姿に復元されたのは平成からよね。

まさこ　でもね、昭和に残った城内の建造物は石川門、三十間長屋と鶴丸倉庫の3つだけ。石川門と三十間長屋は戦後まもなく国重要文化財す

なわち重文に、鶴丸倉庫は平成になってから指定された。3つの建造物のうち、県民だれもが石川門を、加賀百万石のシンボルだと思ってきた。

ちはや　そういう意味では、近寄りがたい存在でもあったわけね。

まさこ　ところが近年は、12月と1、2月を除いて年に何回も重文建造物の中を特別公開しているの。きょうはその日。さぁ石川門を中から拝見。

ちはや　薄暗いけど、ここには常在戦場のすごさがある。まず、とても

公開中の石川門の内部探査へ

①→**もっとくわしく!!**→102ページで解説

城外の様子を窓からのぞく

別の窓からは市街地を遠望

頑丈な造り。梁（はり）なんか粗削りした、ぶっとい木、また木。2階はそこら中に城外の様子を監視する窓や石落としがあり、時に鉄砲を突っ込む縦長の窓。お城本来の機能性の極致だね。

まさこ　本当に。外から見たのとは大違いの男の世界よ。さっき外からみた外観の白・明の色合いとは対照的な黒・暗のイメージを実感するね。

ちはや　ところで、今言った外観が白いのを際立たせているのは屋根と壁が白いからでしょ。

まさこ　そう。海鼠壁（なまこ）は既に言った白漆喰だから壁の白さを増幅するんだけど、屋根が白いのは鉛瓦だからだね。鉛瓦は土を焼いてつくる普通の瓦ではなくて、瓦の形を木型にしそれに鉛を張り付けた。鉛は風化して表面が白くなり陽光にまぶしく輝く。①**鉛 瓦**（なまりがわら）には諸説あるけど、見た目の優美さにこだわったというのが最有力説です。

ちはや　男の美学だぁ〜。

太い梁を縦横に渡した頑丈な造りの石川門内部

三十間長屋、城下から仰ぐ
玉泉院丸庭園整備の余禄

城下から見えるようになった三十間長屋

本丸に向かって行く途中、右手に建つ三十間長屋は表側でなく裏側

まさこ　昔は重文建造物で城外から見えたのは石川門だけだったけど、三十間長屋も見えるようになった。

ちはや　へぇ～、どうして。

まさこ　玉泉院丸庭園を整備するのに先立ち、県は金沢城西側の景観を見直したのね。以前は樹木に隠れて見えなかったんだけど、金沢広坂合同庁舎前あたりからきれいに望めるように、妨げとなっていた木を伐採したのよ。県体育館がなくなったのも視界が開けるのに寄与したわね。

ちはや　確かに、玉泉院丸庭園の背後の上方にワンポイントとして三十間長屋があるのは、いい景観ね。

まさこ　鼠多門の章で見たけど、三十間長屋も白漆喰ね。まあ、石川門と同じく白の建造物なんだけど、鉛瓦は全面、白ではないんだよね。

ちはや　あ、ホントだ。城内から見ると、右側はほぼ白だけど、左側は白と赤茶色とのまだら。なんか、あまりきれいではない。

まさこ　あれは昭和の鉛 瓦 葺きの時に使った純度の低い鉛が原因だったみたい。もちろん、県の方では認識しているのでしょうけど、こういう形で残ってきたのだから、重文ゆえに、葺き替えには色々制約があるんじゃないの。それはそれでいいのかもね。ここも中に入りましょう。

ちはや　この来歴教えてよ。

まさこ　藩政初期からあったのだけど、1759（宝暦9）年の宝暦の大火で焼失して以来、再建されず1858（安政5）年に再建されたのよ。②**1881（明治14）年の火災**では、石川門、鶴丸倉庫とともに残ったの。

　今、中はがらんどうね。ここはもともと、武具や雑具を納めていたと伝わっているわ。

ちはや　なるほど、ここも有事の対策ね。治にいて乱を忘れずか。

現在はがらんどう。藩政期、武具や雑具を納めていた三十間長屋

6

②→**もっとくわしく!!**→102ページで解説

93

平成指定の重文 鶴丸倉庫
城郭内土蔵では国内最大級

まさこ　金沢城内の3つの重文の最後は鶴丸倉庫ね。まず外観から。

ちはや　いかにもお城の倉庫らしいたたずまいだよね。白壁と屋根の黒瓦とのコントラストも絶妙だし、腰が高めでどっしりした安定感も良い。

まさこ　この建造物は、幕末の1848（嘉永元）年に武具土蔵として建てられたものなのね。そして、近代になってからは、旧陸軍第九師団の被服倉庫などとして使われていたようよ。

ちはや　言われて見ると、確かに昔の倉庫らしい建物だ。そして倉庫といえば、殺風景なのが普通っぽいけど、この倉庫は見た目がしゃれてる。

まさこ　でも実はちはや、鶴丸倉庫は金沢大学のキャンパスだったころはこんなに美しくはなかったの。というより周囲の雑草は伸び放題で、

白壁に大きくとった窓など意匠性に優れた鶴丸倉庫の外観

腰掛けのみが置かれた内部

見向きもされていない状態だったわ。

ちはや　ええ、なんで？

まさこ　戦後、学都の象徴である金大の施設としては、軍都の武器庫はなじまず用途に困り、帯に短し、たすきに長し、だったんでしょ。

ちはや　じゃ何で重文になったのよ。

まさこ　やはり、造りね。文化庁の重文指定理由によると、城郭内に現存する近世の土蔵として希少な遺構であり、武具蔵という用途が明らかで、その機能に則した構造がみられ、高い価値が認められる、とされているわ。

ちはや　それにしても大きいわね。

まさこ　そう。だから、金沢工大の水野一郎先生は、国内最大級土蔵なのに、こんな「がらんどう」にしておかず、何か、現代に生かす空間にできないかとおっしゃってるわ。

ちはや　確かに。それは令和に生きる県民に課された課題だよね。

大屋根を支える梁も並ではない

6

本丸周辺は「夢の跡」
雑木林と建物なき櫓台と

まさこ　城内を回ってきたけど、広い城内は郭というパーツで構成されてるよね。筆頭の郭って何かな？

ちはや　そりゃ本丸でしょ。でも金沢城にはシンボルの天守はないし、あるのは雑木林と四方ににらみを利かせる櫓台の建物なき石垣くらいね。

まさこ　本丸エリアは城内の最も海抜高が高い一帯で、現在は、まず金沢御堂の名残の極楽橋を渡り、鉄門跡の門なき石垣台を通った雑木林ね。鬱蒼という言葉がピタリだわ。

ちはや　いつからこうなったの？藩政期はいくつも建造物あったんでし

ょ。

まさこ　もちろんよ。初期には天守もそびえていたけど落雷で焼失後再建されず、代わりに③**三階櫓**というのがあったの。しかし、1631（寛永8）年の大火で焼失、再建されたものの、1759（宝暦9）年の大火で焼失した後は再建されなかったの。本丸御殿はあるにはあったけど、大火を経て一部の建物だけ残るシンボル的な存在だったのね。そして、実質的な政庁の役割は、寛永の大火後、既に二の丸御殿に移っていたのよ。

ちはや　一段下の二の丸にお城の中

雑木と夏草が生い茂る本丸跡

本丸へと続く極楽橋

本丸への入り口の鉄門跡

ちはや じゃ、本丸と東の丸を囲む四方の角に櫓があったわけね。

まさこ そう。本丸及び東の丸の東南端に辰巳櫓があり、南西端には申酉櫓があったの。それから、北東端は丑寅櫓、北西端には戌亥櫓があった。でも、ちはやがさっき言ったように、現在、建物は一切ない。

ちはや 申酉櫓は櫓台すらないね。

まさこ 辰巳櫓は1759（宝暦9）年の藩政期最大の大火以来、再建されなかったけど、古絵図では**④唐破風と千鳥破風**が並ぶ立派な建物だった。

ちはや 本丸跡は、今や「夏草やつわものどもが　夢の跡」だね。

心が移行したんだ。

まさこ そうね。それから、本丸の先にも大事な郭があったわ。東の丸といってね、3代利常の母の寿福院らが住んでいたところね。

櫓台と石垣が整備されている丑寅櫓跡（上）と戌亥櫓跡（下）

③④➡ **もっとくわしく!!** ➡102ページで解説

一面の芝、ひろびろ空間
鑑賞にイベントに自由活用

一面芝生の三の丸広場。河北門を遠望

ひろびろ自由空間の新丸広場

三の丸広場で行われるタカの放鳥

まさこ　もう一度、極楽橋を渡って二の丸へと下り、さらにその先、三の丸、新丸を見てみましょう。

ちはや　芝生が刈り揃えられていて一面のグリーンスペース。三の丸も新丸も気持ちのいいひろびろ空間だ。

まさこ　ここは金沢城公園だから当然、公園本来の一面の芝も不可欠だよね。平成の復元は三の丸の一角から始まった。この芝生で腰を下ろしてお城を眺めるもよし、ゆっくり歩きながら鑑賞するのもよし、自由に使えるのが公園らしさなのよ。

ちはや　ここでは、色んなイベントも行われているんでしょ。

まさこ　四季折々ね。お城の建物とのマッチングでいうと、百万石まつりのメインの行列のゴールはここ。武者装束の人たちが集まるわ。協賛のイベント「⑤盆正月」もここだし、⑥鷹匠（たかじょう）のパフォーマンスもここで豪快に行われる。

ちはや　へえぇ。いかにもお城ね。現代のイベントは行われないの？

まさこ　海鼠壁や石垣に赤青黄色の光を照射するプロジェクションマッピングやスーパー歌舞伎もあったわ。

ちはや　なるほど。じゃ、新丸はどうなの。

まさこ　もともと新丸は藩政期、役所的な建物があったのよね。作事所とか越後屋敷とか、それに、幕末には現在の広坂あたりに移転するけど、ものづくりの御細工所（おさいくしょ）もあったのよ。明治の廃藩後は陸軍第九師団の兵営に使われ、戦後は金大のグラウンドとして活用されていたの。

ちはや　イベントなどでは？

まさこ　厳寒の1月、⑦加賀鳶（かがとび）の心意気を示す男たちの裸放水が行われているわね。新丸はとにかく、県民に開かれた自由空間に位置付けられているようね。

新丸広場で行われる加賀鳶の裸放水

6

⑤⑥⑦ ➡ もっとくわしく!! ➡103ページで解説

復元のトリは二の丸御殿
知事が表明、「表向（おもてむき）」から

まさこ　ここは二の丸広場だけど、広場が囲われていて、広場でなくなっているわ。

ちはや　ここに藩主が政務を行う政庁兼邸宅の二の丸御殿があったのね。

まさこ　ついこの間までは三の丸跡や新丸跡のような広い空間だったんだけど、2020（令和２）年の年頭に谷本正憲知事が二の丸御殿の復元を目指す姿勢を示したことで、懸案が大きく動き出したのよ。

ちはや　知事を動かしたのは何？

まさこ　長年、復元の可能性を探ってきた中で、最大の謎だった内外装の材料や寸法、技法などを記した「仕様書」が、金沢市立玉川図書館近世史料館に所蔵される**⑧加越能文庫**で見つかったの。一気に光明が差し込んできた。

ちはや　へえぇ〜、そんなに重要な古文書が見つかったんだ。

まさこ　復元するには史実に即した

炎天下にめげず二の丸御殿跡の真夏の発掘作業

根拠が不可欠なのは分かるよね。

ちはや 今風にいうとエビデンス。

まさこ 関係者が驚いたのは、例えば、明治期に焼失した、二の丸御殿に実際に使われていた唐紙（からかみ）の実物見本が付いていた。さらには飾り金具も着色されて詳細に描かれていた。赤や青のガラス七宝（しっぽう）を流し込んだ華やかな色彩まで明らかになったっていうのよ。すばらしいじゃない。

ちはや これをみて造れば間違いないという大発見ね。すごーい。

まさこ 二の丸御殿は、藩主が政務を執った「表向（おもてむき）」、藩主の居住空間だった「御居間廻り（おいままわり）」、女性たちの生活の場の「奥向（おくむき）」で構成されているのね。知事は年頭に「表向」から復元を目指す姿勢を示したのよ。

ちはや なるほど、それを受けて、表向などの遺構を確認というわけか。猛暑が続く中、発掘が始まったのね。職員の方々本当にご苦労様です。

6

仮囲いで覆れている二の丸御殿の発掘現場

五十間長屋から見下ろした二の丸御殿の発掘現場

⑧→ **もっとくわしく!!** →103ページで解説

もっとくわしく!!

①鉛瓦

鉛瓦は日に照らされると白く輝くことから、見た目に優美で鉛瓦葺きの城は国内に金沢城のほか例はないとされる。

鉛瓦は本体すべて鉛でつくられているわけではなく、木型に薄い鉛板を張った構造。なぜ鉛瓦にしたのか諸説があるが、「有事の際、鉛を溶かして鉄砲の弾薬にする」という説は、屋根に葺かれた鉛の純度が低く、弾薬のようになかなか丸く固まりにくいので、ありえないとの見方が強い。

したがって、屋根の耐久性や美観のためとする説が有力であろう。

②1881（明治14）年の火災

藩政期、寛永、宝暦、文化などの大火に見舞われた金沢城は、明治の廃藩置県以降、陸軍歩兵第七連隊が駐屯し、のち第六旅団司令部、第九師団司令部が常駐し、兵舎などが設置された。

1881（明治14）年1月、歩兵第七連隊の火の不始末で出火、二の丸のほとんどの建造物を焼失した。

ただ、石川門と三十間長屋、鶴丸倉庫が焼失を免れた。

その時、屋根の鉛瓦が溶けて、屋根から滝のように流れ落ち、建物内の品物はほとんど取り出すことができなかったとされている。

③三階櫓

三階櫓は1602（慶長7）年に落雷により焼失した本丸の天守の代用建造物として建てられた。

しかし、築後30年も経たない1631（寛永8）年の「寛永の大火」で焼失した。この時は必要性からすぐに再建された。

しかし、128年後の1759（宝暦9）年の「宝暦の大火」では城内の大半の建造物とともに灰燼に帰し、以後、再建はされなかった。

寛永から宝暦まで本丸に建っていた三階櫓は外観3階、内部5階の建物で、最上階には高欄を巡らせていたとされる。

④唐破風と千鳥破風

破風は、東アジアの木造建造物に広く分布する、屋根の妻側の造形を指す。

唐破風は日本特有の形式に発展したもので、切り妻のむくり屋根の先に曲線を連ねた形状の破風板がつけられる。古いものは勾配が緩やかで新しいものは勾配が急。

一方、千鳥破風は妻側の形状は三角形の直線的な構造。

1759（宝暦9）年の「宝暦の大火」で焼失した辰巳櫓では唐破風と千鳥破風が隣り合っている珍しい意匠だった。寛永文化特有の形態であるとされる。

⑤盆正月

加賀藩では、藩祖利家が治める前は一向一揆の国であったことから、定期的に大勢の人が集まる、町ぐるみの惣まつりは認められなかったと伝えられる。春秋の祭礼も産土神（うぶすながみ）に限られていた。

ところが、1723（享保8）年の6代吉徳（よしのり）の家督相続の際、全市あげての「盆正月」という各家で飾り物を出すなどの祝賀行事が行われるようになった。それ以来、藩主家の吉事に不定期に行われるようになった。1869（明治2）年まで41回行われた。

⑥鷹匠（たかじょう）

鷹匠は、飼いならした鷹を山野に放って行う狩猟の鷹狩をなりわいとした人。

タカ科のイヌワシ、オオタカ、ハイタカおよびハヤブサなどを訓練し、鳥類や哺乳類を捕らえさせ、褒美にエサを与える。

藩政期には、藩主の鷹狩に同行し、放鷹を指南するなどした。

金沢には小立野地区の石引2、4丁目に鷹匠町（たかじょうまち）という旧町名があったが、現在はない。

近年、金沢城公園で鷹匠たちが放鷹パフォーマンスを行っている。

⑦加賀鳶（かがとび）

加賀鳶とは加賀藩の義勇消防を指す。藩政期、江戸本郷の加賀藩上屋敷に出入りした鳶職人で組織したお抱え消防夫が始まり。

江戸では、大名火消しの中でも、特異な装束と威勢のよさ、見事な火消し活動で名高かった。

明治維新後、江戸から加賀鳶を招いて、手押しポンプ、とび口梯子（はしご）を使った消防を組織して、現在の義勇消防団が出来上がった。

百万石まつりや出初式で勇み肌の梯子登りを披露している。

⑧加越能文庫

5代藩主綱紀が内外から収集した貴重な典籍・書跡類を中心とした前田育徳会の尊経閣文庫の一部、加賀藩行政資料を主内容としたものが1948（昭和23）年、金沢市に寄贈され、これに市立図書館（当時）の蔵書を加えて構成された文庫。

約30年をかけて、分類を詳細に整え、重要なものには細目や解説を加えて、解説目録も編纂（へんさん）された。

現在は金沢市立玉川図書館近世史料館が所蔵しており、県内外の研究者らから閲覧されている。

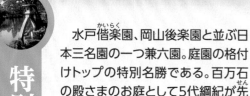

百万石の殿さまのお庭
5代綱紀が先鞭、幕末に磨き

水戸偕楽園、岡山後楽園と並ぶ日本三名園の一つ兼六園。庭園の格付けトップの特別名勝である。百万石の殿さまのお庭として5代綱紀が先鞭をつけ、幕末歴代が磨きをかけた。

まさこ 石川門を出て、石川橋を渡り、特別名勝兼六園に入ります。ここで歴史のおさらいをしましょう。ちはや、兼六園のルーツ知ってる？

ちはや 藩祖利家でも3代利常でもなく、確か、文人藩主と言われた5代藩主綱紀の頃の別荘のお庭だっけ。

まさこ そうね。綱紀は1676（延宝4）年、金沢城最大の外堀の百間堀、その頃蓮池堀ともいったんだけど、蓮池堀を渡った小高いところに別荘を設け、周辺を庭園化したのね。それが兼六園の始まりとされるの。

ちはや へえぇ、今の兼六園のどのあたりかなあ。

まさこ 瓢池のあたりよ。ここで先鞭を付け、拡充していったのよ。

ちはや じゃ、6代藩主吉徳以降も色々手を入れていったの？

まさこ 6代から10代重教までは、いわゆる蓮池庭を中心に手を入れたようね。兼六園にとっても変革のきっかけになったのは、重教治世の

1759（宝暦9）年の宝暦の大火だったようよ。

ちはや あ、お城もそうだったね。

まさこ 11代治脩によってさっきの瓢池に1774（安永3）年、翠滝、池畔に夕顔亭、さらに同5年には内橋亭を造営したのね。

ちはや ああ、治脩は還俗藩主で、加賀藩の藩校をつくった啓明藩主だ。

まさこ よく勉強したね。その①藩校「明倫堂」と「経武館」を12代

霞ヶ池にたたずむ徽軫灯籠

兼六園の上空からの写真（小型無人機から）

①② もっとくわしく!! →118ページで解説

斉広は今の金澤神社あたりに移転させ、跡地に1822（文政5）年、建坪4000坪におよぶ隠居所の②**竹沢御殿**を築いたのだけど、逝去後は13代斉泰が撤去したのね。

ちはや　じゃあ、斉広が兼六園で貢献したことはある？

まさこ　竹沢御殿の周辺の庭園回りの整備かな。それと斉広の時に「兼六園」の名が付けられたのね。

ちはや　名付け親なの？

まさこ　それがはっきり分からないのよ。ただ、幕府の老中松平定信揮毫の「兼六園」の扁額に文政5（1822）年の年号が残っているから、この年に命名されたとされているわ。

ちはや　次の斉泰で完成したの？

まさこ　完成というか今のカタチになったの。1851（嘉永4）年、霞ケ池を掘り拡げ、姿の良い木を植えるなどして、1860（万延元）年には蓮池庭との間にあった門と塀を取り壊して、林泉回遊式庭園を完成させた。

ちはや　斉泰は造園の基本的な考え方を持っていたのかな。

まさこ　もちろん。それが今から検証する六勝という考え方で、「兼六園」の名もそこからと伝わっているわ。

宏大の霞ケ池、幽邃の蓬莱島
対峙しながら両立、栄螺山も

まさこ　ちはや、六勝って知っているよね。「兼六園」命名の根拠。

ちはや　中国・宋時代の書物で詩人の李格非が撰じた「洛陽名園記」に造園では「宏大と幽邃」「人力と蒼古」「水泉と眺望」をそれぞれ兼ねる造園技術は難しいとあるのね。

まさこ　はい、それで。

ちはや　兼六園ではそれがすべて兼ね備わっているというのが命名根拠。

まさこ　よくできました。はなまる！まず「宏大と幽邃」から。宏大は「広くて大きく明るくて見晴らしが良い」と、これはちはやも分かる。

ちはや　じゃあ幽邃ってどんなこと？

まさこ　幽邃は「景色が物静かで奥深い」ということ。では「宏大と幽邃」を兼ねる空間を案内しましょう。

ちはや　兼六園といえばやはりここ

幽邃の蓬莱島(右)が浮かぶ宏大の霞ケ池

霞ケ池ね。広くて大きく明るい。ここが宏大というのはよく分かる。それで対立概念の幽邃はどこだろう？

まさこ 池の中にあります。

ちはや 池に浮かぶ島がそうなの？

まさこ そうです。蓬莱島というのだけど、初めから池の中にあったのではないのね。斉泰時代に、元からあった築山を活用して、池を掘り下げて島にしたの。中国の神仙思想に基づくもので、蓬莱島は亀、③唐崎松が鶴を象徴しているらしい。

ちはや そういわれると何となく幽邃っぽく見えてきた。

幽邃の栄螺山から見下ろした霞ケ池の向こうに唐崎松

まさこ 奥深さがあるのは私も分かる。池に近い④栄螺山も宏大の霞ケ池と対峙する幽邃のポイントなのよ。

ちはや サザエの殻のような道をぐるぐる登って、ここは赤・青戸室石でできた三重宝塔がある頂上。

まさこ 足元に霞ケ池が広がるでしょ。霞ケ池の向こうの眺望台からこちらを望むと、また宏大と幽邃が両立しているのが分かるというのよ。

ちはや 奥深〜い。

栄螺山の頂上にある三重宝塔とカラカサ亭

③④→ もっとくわしく!! →118ページで解説

7

人力の黄門橋、蒼古の叢林
蒼古の瓢池に人力の塔や滝

まさこ　今度は「人力と蒼古」。「洛陽名園記」には、「人力勝るは蒼古少し」と記述されている。つまり並び立たないと言うんだけど、どっこい、兼六園には両立がある、ある。

ちはや　この黄門橋が人力なの。

まさこ　そう。この橋は青戸室石の反り橋で、この橋は一見、緩い曲線の石を二枚重ねたように見えるでしょ。実は一枚石を巧妙に加工したもので、また、橋の台石からわざわざ斜め115度に振って、斜に構えた造りなのよ。人力の極致と言えるわね。

ちはや　なるほど。この人力の極みが、蒼古つまり悠久の自然と溶け合っているというわけね。

まさこ　足元には苔むした岩や石があるし、その苔が樹皮にも宿った木々。樹齢を重ねて陰影が濃い叢林にこそ、この黄門橋が合っていると思わない？

ちはや　よく分かる。このほかに人

蒼古の瓢池と叢林に、人力の翠滝、唐傘、海石塔が調和した景観

⑤→ もっとくわしく!!→119ページで解説

瓢池の左手には夕顔亭

力と蒼古のポイントはないの。

まさこ ありますよ。今度は、兼六園のルーツとされるところ。

ちはや ああ⑤瓢池（ひさごいけ）。確かにあそこは蒼古らしい景観ね。行って見ましょ。

まさこ ここは、兼六園草創の頃、「蓮池庭」（れんちてい）と呼ばれていたのね。この一帯に池や沼があり蓮が水面を覆っていたので、名が付いたらしい。

ちはや 池があり滝があり、石造物があって実にお庭らしいところね。

まさこ ここの人力は何だと思う？

ちはや 分かった。あの石塔と向こうに見える唐傘（からかさ）でしょ。

まさこ 正解よ。石塔は池の中の島にたたずむ高さ4.1メートルの六重塔で海石塔（かいせきとう）っていうの。対岸の唐傘も確かに人力ね。もう一つ、自然に近い人力があります。高さ6.6メートルの翠滝（みどりたき）ね。

ちはや 確かにあれは人が造ったんだ。

台石（右下）から115度振って掛けられた一枚石の黄門橋

曲水の向こうに山並み
せせらぎ横から市街地一望

曲水を愛でて目を転ずれば彼方に近郊の山々

春は雁行橋の向こうにも雪を被った山々を望める

まさこ　六勝のトリは「水泉多きは眺望難し」の水泉と眺望。水は山あいや渓谷などの低いところを流れるのが常で、そんな水の流れを楽しみながら眺望を楽しむのは、なかなか困難という意味よね。

ちはや　兼六園ではどうなの。

まさこ　もちろん、両立します。今立っている眺望台は、観光客でも県民でも、兼六園にくればまずはここへ足を運ぶでしょ。なぜかというと、市街地はもとより、山だと卯辰山から戸室山、医王山を望めるし、海の方だと、内灘砂丘が遠望できる。

ちはや　確かに兼六園に来ると、市街地から遠い山々まで眺められる。

まさこ　晴れた日など、北は能登の宝達山まで見えるわね。

ちはや　そんなに標高があるのでもないのに、180度パノラマが楽しめる貴重なスポットだね。

まさこ　なの足元には瀬音ゆかしい曲水が流れており、とても癒やされるお庭になっている。

ちはや　園内を潤す曲水の源ってどこにあるの？

まさこ　約10キロ上の犀川から取り込んだ辰巳用水が小立野口から入り込み、園内を潤しているのね。

ちはや　辰巳用水って、3代利常が小松の町人板屋兵四郎に命じて造らせたんだね。

まさこ　そう。1631（寛永8）年の「⑥寛永の大火」を機に、防火と金沢城に水を引く目的で造らせたの。その時には兼六園はなく、専らお城への導水がこれをもってかなったのね。

ちはや　なるほど。お城に入る前に清冽な水を活かせるお庭が約200年後に花開いたわけか。利常には先見の明があったのかしら。

まさこ　さあ、むしろ5代綱紀以下、歴代藩主が辰巳用水を基に、兼六園を大輪のお庭に育てたんじゃない？

⑥→**もっとくわしく!!**→119ページで解説

7

111

雪に遊び花を愛で月仰ぐ
園内に四季折々の仕掛け

曲水に映った唐崎松の雪つり

112

⑤花見橋からめでる満開桜
⑥花見橋からめでる見ごろの
　　カキツバタ

架かり⑦七福神山の前にあるの。石橋上からは七福神山越しに近郊の山が見えるし、せせらぎはすぐ直下だし、雪が降った朝なんか最高でしょうけど、現在は、石を守るため、通行禁止となっているわ。

まさこ　よく「雪月花」っていうわね。古来から日本文化のキーワード。

ちはや　宝塚の組の名前にもある。

まさこ　そこで、兼六園を、「雪月花」から、見てみようね。

ちはや　まずは雪。兼六園で雪といえば雪つりだね。その時期が来るとテレビで全国放映される。

まさこ　日本三名園でも、あれだけ大規模に行うのは兼六園だけね。特に唐崎松の雪つり。縄と木による芸術は冬の風物詩としてすっかり定着した。

ちはや　確かにあの円錐形は、美しいというほかない。まさに芸術。ほかに雪の見どころは？

まさこ　ずばり、雪見橋。曲水に

曲水に並んで映る月見灯籠の灯りと中秋の名月（右下の白色の灯り）

ちはや　雪見灯籠もあったわね。灯籠でいうと月見灯籠もあるのかな。

まさこ　はい、あります。ちょっと松の陰に隠れて目立たないのだけど、やはり、曲水のほとりにある。御影石の安定感ある造りよ。

ちはや　なぜ、月見って呼ぶの？

まさこ　中秋の名月のとき、この灯籠の、蝋燭をともした火袋と満月が曲水に並んで映るの。天文学に精通した人が灯籠の位置など工夫したらしいわ。

ちはや　わあぁ、素敵、粋、さすが。

まさこ　おしまいは花ね。これもずばり、花見橋。成巽閣の裏の土塀を前にした曲水に架かっている木橋ね。文字通り、春爛漫の季に持ってこいの橋で、擬宝珠も付いた円弧状の風情豊かな造りなの。

ちはや　ここだと、花も桜だけでなく初夏ならカキツバタも楽しめるし、秋なら紅葉もいいんじゃない。兼六園は四季すべて楽しめるのね。

7

⑦→**もっとくわしく!!**→119ページで解説

113

平成に再現された時雨亭
わび、さびに浸れる約290坪

まさこ　ちはや、兼六園で平成に再現された建造物はなーんだ。

ちはや　うーん、お茶室の時雨亭。

まさこ　はい、ご名答。時雨亭は平成12 (2000) 年3月、本格的な茶室として、ここに再現されました。

ちはや　ふーん、今、再現って言ったけど、金沢城の平成の築城のように、復元ではないの。

まさこ　はい、復元ではありません。

というのは、兼六園草創の頃、5代綱紀が現在の瓢池付近に別荘を設け周辺にお庭を整備したと言ったわね。そこには蓮池御亭という茶室があり、6代吉徳が御亭を建て替え、藩政後期には時雨亭と呼ばれていたのね。

ちはや　なかなかロマンチックな名。

まさこ　日本最古とされる噴水の前あたりにあったようなんだけど、明治の初めには取り壊されていたのよ。

柿葺きの屋根、障子戸が周囲の自然とマッチした時雨亭の外観

ちはや　それを再現したのね。

まさこ　そう。新天地を求めての再現なんだけど、庭に面した8畳と10畳の座敷、さらにそれに続く小さな茶室の御囲は、当時の平面図が残されていて忠実に復元したんだって。

ちはや　この広さってすごいよね。

まさこ　木造平屋建て、柿葺きの建物が約80坪、そのほかお庭などで約210坪、合計290坪の空間でわび、さびを満喫

できるそうよ。

ちはや　なるほど、よく「大は小を兼ねる」というけど、少人数でも大人数でもお点前を楽しめるのね。確かに、兼六園にキチンとしたお茶室がなかったこと自体、文化立県の石川らしくなかったね。

まさこ　百万石茶会など大勢集まるものから、愛好者数人の茶席まで、色々使えるのが何よりね。今は「三密」で自粛ムードだけど、早くコロナ禍が去ってほしいわ。再びお茶どころ金沢の拠点にと願うばかりよ。

7

茶店街もまた楽しきかな
藩政初期は「江戸町（えどまち）」だった

まさこ　ちょっと時期は違うけど、花見時（どき）に兼六園にきて、花以外の楽しみって何？

ちはや　そりゃ昔から「花よりだんご」っていうじゃない。お花見だんごでーす。

まさこ　私もでーす。だんごといえば茶店ね。茶店といえばお店がずらり並んだ茶店街。ここでお花見だんごを食べながらのお花見はサイコー。

ちはや　ここはだんごだけじゃないわよ。お花見だんごは春だけど、今は夏。夏はもちろん、年がら年中、人気のある食べ物って知ってる？

まさこ　何だろう。分からない。

ちはや　ソフトクリームでーす。しかも、今風は金箔（きんぱく）のせソフト。そこにあります。食べたいなぁ。

まさこ　さすが目ざとい。金箔も金

沢で全国の9割強を生産しているから、観光のお客さんにはウリなんでしょうね。はい、召し上がれ。

ちはや　いやあ濃厚、よい、よい。

まさこ　ところでちはや、この茶店街だけど、ずっとずっと昔の3代利常の時代、どんな町だったか分かる？

ちはや　そんなの難問過ぎる。だいたい、その頃は兼六園なんてもんじゃないでしょ。想像もつかないよ。

まさこ　3代利常に嫁がれた2代将

夏にはソフトクリームや氷水のサイン

⑧→ もっとくわしく!! →119ページで解説

取り壊される前の旧三芳庵別荘

軍秀忠の娘珠姫さまにお付きの家来たち、お世話方が住んだのよ。だからその頃は江戸町と呼ばれたそうよ。

ちはや　へえー、兼六園より古いの。

まさこ　それから茶店といっても色々あるけど、園内にあった料亭で、作家の芥川龍之介が宿泊したのはどこかな。

ちはや　また、難問。分かりません。

まさこ　⑧**三芳庵別荘**。翠滝の上にあったんだけど今はないわ。芥川と親交のあった郷土の文豪室生犀星が案内したんだって。

ちはや　恐れ入りました。

かつて江戸町だった茶店街

7

もっとくわしく!!

① 藩校「明倫堂」と「経武館」

藩校の明倫堂と経武館を開設したのは11代治脩で、1792 (寛政4) 年、千歳台の西部に建てられた。

明倫堂は文学校、経武館は武学校で、「四民教導」の下、学頭には京都から招いた儒学者新井白蛾が就いた。明倫堂では儒学、算術、医学、天文学などが教授され、経武館では剣術、槍術、弓術、馬術などが伝授された。

藩校は1819 (文政2) 年、12代斉広の隠居所・竹沢御殿をつくるため、東隅に移動し、さらに屋敷拡大のため、1822 (文政5) 年、旧仙石町 (現在のいしかわ四高記念公園) に移動している。

③ 唐崎松

近江八景の一つ、琵琶湖畔の唐崎松から種子を取り寄せて育てたものと伝わる。霞ケ池北東畔にあり、枝が低く覆うように広がり水面に美しく影を落とす姿は、長年、マツの幼木から剪定整姿を繰り返した成果と言ってよい。

降雪期を前に施される園内の雪つりでも、唐崎松の雪つりが最も美しいとされる。雪つりは、冬季、降った雪が付着するのに備え樹木の枝が折れないように施す措置。色々なつり方がある中で、唐崎松には姿形が優美とされる「りんご吊り」が用いられてきた。

② 竹沢御殿

12代斉広は隠居所として1819 (文政2) 年、幕府の許可を得て、千歳台で新御殿建設に着手、3年余で竣工、1822 (文政5) 年、斉広が入った。当初は「小立野の新御殿」といわれたが、すぐに「竹沢御殿」と呼ばれるようになった。御殿には、天満宮を勧請した鎮守社も設けられた。これは後に金澤神社となる。

御殿は部屋数200、4千坪の建坪を有する豪壮なものであった。

竹沢の名称は斉広の持ち物に竹の印を用いていたことと、御殿の傍らに金洗いの沢があったことから、両方をつないで名付けられたと伝えられる。

④ 栄螺山

霞ケ池の西岸にあり、13代藩主斉泰が霞ケ池を掘り下げた時の土を盛り上げた築山である。登り道はサザエの殻のように、ぐるぐる回る道が頂上まで続いているので、この名がある。山頂には平石を敷き詰めた上に、屋根が傘の形をした避雨亭があるので別名を「からかさ山」と呼ばれている。高さ約9メートル、周囲約90メートルで、山頂には避雨亭のほか、「三重石塔」もある。

これは12代藩主斉広を供養するため、正室の真龍院と側室の栄操院が藩の石積み方7代目穴生源介父子に命じて造らせたと伝わっている。

⑤瓢池（ひさごいけ）

兼六園作庭始まりの地とされ、もともと蓮が自生する池や沼の一つに5代藩主綱紀が手を加えて造成した。池の中ほどがくびれて瓢（瓢箪）（ひさごひょうたん）の形をしているので、その名があるという。

池の広さは約760坪で、園内4つの池の中で2番目に広い。瓢池には現在、大小2つの島があり、瀟洒（しょうしゃ）な茶席夕顔亭のあるところは陸続きになっているが、ここも以前は島だった。夕顔亭のある島、海石塔のある島、岩島に分かれ、それぞれ蓬莱（ほうらい）、方丈、瀛州（えいしゅう）と呼ばれる不老長寿の三神仙島を表しているといわれる。

⑦七福神山

霞ケ池畔の地蔵堂から卯辰山方向に進むと、曲水の対岸にみえる築山が七福神山である。別名を福寿山ともいう。築山には七福神に見立てた7つの自然石が配されている。左から恵比寿（えびす）（清廉）、大黒天（裕福）、寿老人（じゅろうじん）（長寿）、福禄寿（人望）、布袋（ほてい）（度量）、毘沙門天（武勇威力）、弁財天（愛情）で、7つの神の招来を願って、吉祥を招く、めでた尽くしの築山である。この辺りは、12代斉広がつくった竹沢御殿の書院庭として造営されており、曲水、築山、石組、石橋、雪見灯籠など当時の遺構がそのまま残されている。

⑥寛永の大火

3代利常治世下の1631（寛永8）年に発生した大火で「寛永の大火」と称される。中興の祖とされる利常が初期の金沢城下町を整えた矢先の出来事。

古文書「三壺聞書」（みつぼききがき）によると、犀川橋詰の法船寺門前に発した火はたちまちのうちに河原町から寺町、竪町に広がり、長九郎左衛門と山崎長門（ながと）の上屋敷に飛び火し、仙石町、堂形を火の海にして辰巳櫓から城内に燃え移り本丸御殿を焼き、江戸町から田井口を経て外惣構（そとそうがまえ）の外を焼き尽くし、金屋町で止まったとある。これを教訓に辰巳用水の新設が決まった。

⑧三芳庵別荘（みよしあん）

三芳庵は、兼六園が一般開放された翌年の1875（明治8）年に、隣接する前田家の茶室・夕顔亭を管理するための「本館」、すぐ前の瓢池の畔の「水亭」、そして今はないが瓢池に落ちる翠滝の上に建つ「別荘」の三つの庵を持つことから「三芳庵」の名が付けられたという老舗料亭。

別荘には1924（大正13）年5月、芥川龍之介が室生犀星の招きで金沢を訪れた際、4泊5日滞在した。2008（平成20）年、老朽化で取り壊された。

7

119

謁見の間は見応え十分
成巽閣に斉泰の母への愛を見た

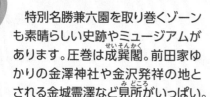

特別名勝兼六園を取り巻くゾーンも素晴らしい史跡やミュージアムがあります。圧巻は成巽閣。前田家ゆかりの金澤神社や金沢発祥の地とされる金城霊澤など見所がいっぱい。

まさこ　兼六園から①成巽閣に来たね。前に訪ねたことあるでしょ。

ちはや　確か、前田家のひな人形展だったかな。普通のひな人形とは全然違うと思ったのを覚えてる。

まさこ　成巽閣は13代藩主斉泰が父斉広の正室の真龍院に隠居所として建ててあげた御殿なのね。現在は幕末の前田家を中心に知ってもらう博物館として活用されているのよ。

ちはや　その目玉として、1階奥にすごいお部屋があったよね。

まさこ　そう、謁見の間。今はアクリル板で仕切ってあるけど、幕末につくられた時からここの主の真龍院の座は一段高く、薄暗い奥にあったのよね。元藩主夫人ともなると、やはり大変な威厳を示したみたい。

ちはや　見応え十分。頭上の欄間の3Dぶりもすごいわね。一枚板に紅白の梅花や枝、鳥をこんなに立体的に透かし彫りしてある。

まさこ　幕末にその木工の才が光っ

藩政期末の名工・武田友月作と伝えられる欄間

①→**もっとくわしく!!**→132ページで解説

天井に人工顔料ウルトラマリンブルーを使った群青の間

て御用大工になった武田友月の作。

ちはや　あそこの部屋には御婦人たちの着物が展示してある。見ない？

まさこ　「前田家伝来夏衣装と調度展」ね。

ちはや　刺繍（ししゅう）なんて半端（はんぱ）じゃないよ。とてもぜいたくなものばかりだ。

まさこ　成巽閣では、季節に合わせて色々な企画展を開いているのよ。ちはやが前に見たひな人形展もそれ。

ちはや　2階へと進みましょう。この階段も古びた木の味わいといい、広い幅、斜度といい風格あるなぁ。

まさこ　2階では何回みても新鮮な

感動を覚えるのがこの書見群青（しょけんぐんじょう）の間よね。天上を見て。この深〜い青。吸い込まれるような錯覚を覚えるわ。

ちはや　ここの説明板には、1828年にフランスで発明された人工顔料のウルトラマリンブルーが使われているとある。これも13代斉泰の、母への深〜い愛の表れなのかなあ。

13代斉泰の母真龍院の隠居所として建てられた成巽閣の謁見の間

8

前田家ゆかり金澤神社
藩校を守る学問の神様だった

石段を上がると「学問の神様」金澤神社

丹色（にいろ）に彩られた拝殿（はいでん）で柏手（かしわで）を打つ

まさこ　成巽閣に隣り合う金澤神社ね。まずはお参りしましょ。

ちはや　高校も大学も受験前にお参りにきたんだよ。柏手（かしわで）を打つのは久しぶりだけど、きょうはお礼参りだね。もしかして、そこに私の合格祈願絵馬が残っているかも知れない。

まさこ　ここがどうして学問の神様っていうか知っている？

ちはや　天神さまが祀（まつ）ってあるから。

まさこ　そうね、天神さまは②菅原 道真（すがわらのみちざね）なのだけど、前田家のルーツは菅原道真だと言ったのは藩祖利家。以来、歴代藩主は藩内の天神社を外護（げご）し、崇拝してきたのよ。

ちはや　へえぇ。そうなの。

まさこ　で、この金澤神社はずっと下って11代藩主治脩（はるなが）が兼六園内に創設した藩校の文学校明倫堂（めいりんどう）と武学校経武館（けいぶかん）の鎮守として建立されたのね。その後、12代斉広（なりなが）が、今の兼六園千歳台（ちとせだい）一帯に竹沢御殿（たけざわごてん）を造営したことは兼六園のところで述べた通りだけど、その竹沢御殿の鎮守社となり、竹沢天神とか竹沢天満宮と呼ばれた時もあったのよ。

ちはや　金澤神社と呼ばれるようになったのはいつから。

まさこ　廃藩置県の明治から。藩校や藩主の御殿の鎮守社の役目を終えて、今度は広く金沢市民の、いや広く市内外の人たちの信奉を集める「学問の神様」となったの。

ちはや　だから、合格祈願絵馬にも、遠く県外の地からお参りにきたことが分かる記述が少なくないんだ。

まさこ　それからね、ここの主祭神は天神さまだけど、相殿神（あいどのしん）として災難除けの白蛇竜神（はくじゃりゅうじん）、航海・交通安全の琴平大神（ことひらのおおかみ）、12代藩主斉広、13代藩主斉泰も祀ってあるの。境内社には辰巳用水の祖の板屋兵四郎を祀る板屋神社の遥拝所もあるわ。

ちはや　色々と御利益（ごりやく）が豊かな天神さまなんだね。

8

金澤神社境内にある辰巳用水ゆかりの板屋神社遥拝所

②→**もっとくわしく!!**→132ページで解説

「金沢の名ここから」伝説
湧水の金城霊澤と鳳凰山と

兼六園横にあっていつも湧水をたたえている金城霊澤

「金沢」の名の起こりとされる金城霊澤

まさこ 金澤神社の石段を下りた左が金城霊澤。ここ知ってるね。

ちはや うん、ちょっとは。確か、「金沢」の名前がここから付けられたとかね。詳しくは分かんない。

まさこ 金城霊澤の四文字は金城が金沢城ね、霊澤は霊なる沢あるいは泉ということね。こういうふうに霊性を表す建屋を設けたのは、金沢城の主、12代斉広よ。

ちはや あの竹沢御殿の斉広?

まさこ それまでは自然に水が湧き出る野の沢だったんだって。そこに外径1.76メートル、厚さ約15センチ、深さ約2メートルの石管を埋め、そこからこんこんと清水が湧き出る井戸の体裁とし、四角く石板で囲んで屋根付きの建屋を設けたのね。

ちはや あっ、長押に「金城霊澤」の額、天井には龍の絵があるよ。

まさこ 扁額は③**「幕末の三筆」**と称えられた金沢ゆかりの市河米庵の書で名工武田友月が彫り込んだものね。それから龍の絵はもともと狩野探幽が描いたとされていたのが、傷みがひどく取り替えられて現在のものは郷土出身の広田百豊の作だよ。

ちはや じゃぁ伝説を教えてよ。

まさこ 昔、金沢・山科の里に藤五郎という善良な芋掘り農夫がいたのよ。夢のお告げで都からお金持ちの嫁が嫁いだんだけど、藤五郎は金銀を他人にふるまい貧乏ぐらし。嫁にお金の大切さを説かれ、ある日、藤五郎は山芋に付いた砂を洗うと、これが砂金で大金持ちになったというの。その「金洗いの沢」がここで、「金沢」の地名発祥の地となったの。

ちはや 斉広って広報センスあるね。

まさこ この金城霊澤の背に鳳凰山という築山があるの。これも造成主は斉広。珍石奇石を集めて築山にしてあり、洞窟には、13代斉泰により建立された巨石の金城霊澤碑があるわ。これも市河米庵の書よ。

8

金城霊澤とセットの鳳凰山

③→ **もっとくわしく!!** →132ページで解説

125

旧津田玄蕃邸、今は管理の館
裏玄関前には大屋愷敫翁之碑

県金沢城兼六園管理事務所分室となっている県登録有形文化財の旧津田玄蕃邸玄関の外観

旧津田玄蕃邸裏玄関の外観

イノシシ2頭が地球を支える意匠の「大屋愷敳翁之碑」

まさこ 長町武家屋敷跡のところで大屋愷太郎さんにお会いしたよね。あの時ちょっと触れたけど、大屋さんの曽祖父がこの大きな石碑に彫られた名「大屋愷敳」なの。

ちはや 風変わりな碑ね、てっぺんに、地球を背に戴いた2頭のイノシシ。何を意味しているんだろう。

まさこ 何を意味しているかはよく分からないけど、加賀藩士の家に生まれ幕末から明治にかけて洋学、地理学の学者として、また、教育者として藩、石川県に貢献した人なのね。

ちはや 地球を戴いたのは、国際的な見地で洋学を伝授したからかな。

まさこ この石碑の真ん前にある旧津田玄蕃邸も、藩政期から明治にかけての西洋医学導入に関係が深いの。

ちはや ということは、この一角は加賀藩の近代化ゆかりの地だね。

まさこ 禄高1万石の加賀藩家老、津田玄蕃家歴代の邸宅で、もとは大手町にあったの。ところが1870(明治3)年、金沢藩が津田邸跡に④**医学館**を創立して以来、石川県金沢病院、金沢医学校、旧制第四高等学校医学部、金沢医学専門学校附属病院の一部として使われるなどの歴史を刻んできた。

ちはや じゃこの地に移ったのは？

まさこ 1923(大正12)年3月。県管理の「兼六会館」となり、現在は県金沢城兼六園管理事務所分室となっているわ。

ちはや 説明板には、1991(平成3)年に県指定文化財と書いてあるね。

まさこ ただし、表玄関に限定されているよ。あとは、かなり大きく改造されているからね。普通の古い建物。でも、部分指定とはいえ、表玄関の御殿破風の豪壮さ、式台もほぼ昔のままだし、1万石以上の藩士邸で唯一、現存している貴重な建物なのよ。

旧津田玄蕃邸の表玄関に掲げられた由緒看板

④→**もっとくわしく!!**→132ページで解説

8

127

早春に目楽しませる梅林
明治百年の造成から半世紀余

まさこ　今は真夏だから梅と言ってもピンとこないかも知れないけれど、日本三名園のうち、梅といえば水戸の⑤偕楽園ね。約100品種、3千本の紅白梅が開花する水戸の梅まつりには規模からいって比肩すべくもないけど、兼六園の梅林も乙なものよ。

ちはや　そうね。だいたい、梅の花は寒気がまだ残る早春に、一輪、二輪とまばらに、そして凛と開花するのがいいんじゃない。偕楽園の梅まつりは、写真でみたことあるけど、まるで「吉野の千本桜」みたい。

まさこ　兼六園の梅林は、1968（昭和43）年、「明治百年記念事業」として京都の北野天満宮や福岡の⑥太宰府天満宮、東京の湯島天神、それ

から水戸の偕楽園などの協力により、全国の名梅を集めて造成されたのね。

ちはや　まあ、梅といえば天神さんだね。「東風吹かば　匂い起こせよ　梅の花　主なしとて　春な忘れそ」。菅原道真が三十一文字に詠んでいるわ。

まさこ　よく知っているね。梅と前田家は、藩祖利家が菅原道真を遠祖としたから、切っても切り離せない

梅林の由来を記した立札

⑤⑥➡ もっとくわしく!! ➡133ページで解説

2020（令和2）年2月末、見ごろを迎えた兼六園の梅林

わね。実際、これまで前田家ゆかりの建造物には梅を彫り込んだ欄間など随分見て来たわね。だいいち、前田家本藩の紋所は剣梅鉢だもの。

ちはや そういう意味では兼六園に昭和時代になるまで梅林がなかったこと自体、不思議。

まさこ まあ、藩政期の梅林は聞いたことはないけど、梅の木は園内所々にあったんじゃない。

　令和の年号も梅に関係あるけど、現在は約900坪の広さに約200本が植わっている。そのうち白梅が約130本、紅梅は約70本、八重寒紅、麻耶紅梅、白加賀、青軸、しだれ梅など20種類を数え、2月から3月、陽春を待つ私たちの目を楽しませてくれるわ。

せせらぎ沿いの緑の梅林もまた癒やされる

8

県美術館跡に生活工芸の館<ruby>館<rt>やかた</rt></ruby>

「用の美」の追求を親子体験

用の美の品々を並べた2階の展示コーナー

工芸に挑戦できる1階の体験コーナー

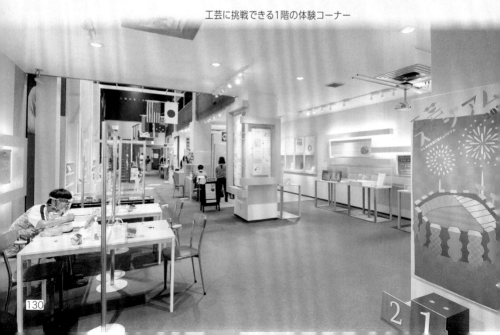

まさこ 兼六園周辺ゾーンのトリは<u>⑦いしかわ生活工芸ミュージアム</u>。以前ここは何だったか知ってる？

ちはや さあ、何だろう。外観からすると、美術館とか博物館とか…。

まさこ 今は出羽町にある県立美術館だったのよ。設計者は金沢市出身の文化勲章受章者、谷口吉郎（よしろう）さんね。

ちはや 美術館が移転した後、県立伝統産業工芸館となり、さらに通称を「いしかわ生活工芸ミュージアム」としたとある。ちょっと長いけど、なかなかいいネーミングだね。

まさこ 今風のソフトな館名になったけど、要は石川の風土が育てた<u>⑧36業種</u>の伝統的工芸品が展示されており、訪れた人にその美、技、心に触れてもらおうとの趣旨なのね。

ちはや 県内に伝統的工芸品が36業種もあったなんて知らなかった。

まさこ そうよね。これだけの業種があるとは私も驚いたけど、今日、「伝統工芸王国」と言われる石川県の土壌にはやはり、加賀藩が「御細工所」などを設け、伝統工芸を奨励したのが大きく寄与しているはずよ。

ちはや 伝統工芸って九谷焼とか輪島塗、加賀友禅などは出てくるけど、あとはどんなものがあるのかな。

まさこ じゃ2階でそれを確かめてみよう。36業種で国指定は今挙げた3業種のほか金沢箔、山中漆器など10業種、県指定が珠洲焼（すずやき）や美川仏壇など6業種、残る20業種は「稀少（きしょう）」とされているのね。

ちはや なるほど、2階は総合展示なんだ。じゃ、1階はどんな役割？

まさこ 基本は伝統工芸の企画展なんだけど、最近注目される役割として、触れて創ってもらうといういわば工芸体験というのがあるでしょ。夏休みなんかに、親子に開放して工芸に親しんでもらうゾーンでもあるの。

この館でもう一つみておきたいのは、幕末の老中松平定信（ろうじゅうまつだいらさだのぶ）が揮毫（きごう）した「兼六園」の扁額（へんがく）ね。前の県立美術館時代から掲げられていたようよ。なぜここなのかは知らないけれど。

ちはや 私も夏休みに来ようっと。

8

松平定信揮毫（きごう）の兼六園の扁額（へんがく）

⑦⑧ ➡ **もっとくわしく!!** ➡ 133ページで解説

もっとくわしく!!

① 成巽閣

藩政末期の1863（文久3）年に、13代斉泰が母堂にあたる12代斉広の正室、真龍院の隠居所として建立した。当初は真龍院の生家・鷹司家の御殿が「辰巳殿」と呼ばれていたことや、辰巳用水が兼六園を流れ金沢城から辰巳（巽）の方角に位置したことから「巽御殿」と称し、1874（明治7）年に斉泰は現在の名に改めた。1950（昭和25）年に旧国宝から国重要文化財指定。茶室の三華亭など県指定有形文化財。

【開館時間】9：00～17：00
【休館日】毎週水曜日、祝日なら翌日
　　　　　12月29日～1月2日
【料金】企画展は大人700円、中・高生
　　　　300円　小学生250円

③「幕末の三筆」

三筆は、日本の書道史上の能書家のうちでも最も優れた3人の並称であり、平安時代初期の空海、嵯峨天皇、橘逸勢の3人を嚆矢とする。以下、寛永の三筆、幕末の三筆などがあり、幕末の三筆は市河米庵、貫名海屋、巻菱湖を指す。中でも市河米庵は加賀藩とゆかりが深く、金沢などに米庵の書が碑や軸物として残っている。

　市河米庵は江戸に生まれ、父の市河寛斎や柴野栗山に儒学を学び、前田家に仕えた。唐の顔真卿らの書を学び、長崎で明・清の書に影響を受け、格調の正しい書を目指し、隷書、楷書を能くした。

② 菅原道真

（845－903）。平安時代の貴族、学者、漢詩人、政治家。参議・菅原是善の三男。官位は従二位・右大臣。贈正一位・太政大臣。忠臣として名高く、宇多天皇に重用されて、寛平の治を支えた一人で、醍醐朝では右大臣に就任。

　ところが、謀反を計画したとの嫌疑を被り、九州・太宰府へ大宰員外帥として左遷され、無念のうちに太宰府で没した。死後、怨霊と化したと考えられ、これを鎮め、学問の神として崇める太宰府天満宮が建立され、各地に天満宮が建立されて、信仰されている。

　加賀藩祖前田利家は菅原道真を遠祖として藩内の数々の天満宮を外護した。

④ 医学館

　旧金沢藩医学館は金沢大学医学類の前身。もともと、加賀藩重臣津田玄蕃の邸宅跡を修築して大手町にあった。

　医学館は藩の蘭方医黒川良安らの建議を受け、1870（明治3）年2月、金沢藩となっていたが、既に14代藩主慶寧が卯辰山に設けていた養生所を廃止し、医学研究、医学校創設の前身として大手町に医学館と附属病院を創設した。翌71（明治4）年3月、旧藩のお雇い外国人のオランダ人スロイスが医学館に赴任、学生を指導した。71年7月の廃藩置県で藩立諸学校は閉鎖されたが、医学館は病院として存続、後に旧制四高、金大医学部へと発展していく。

⑤偕楽園

　茨城県水戸市にある日本庭園で、国史跡および名勝に指定されており、隣接する千波湖周辺の拡張部を含めた「偕楽園公園」は、伝統的に兼六園、岡山の後楽園と並んで日本三名園の一つに数えられている。

　1842 (天保13) 年7月、水戸藩第9代藩主徳川斉昭によって造成された。

　「偕楽園」の名は「古の人は民と偕に楽しむ、故に能く楽しむなり」という中国の古典「孟子」の一節から名付けられた。造園に際し、斉昭は自らその構想を練り、藩校弘道館を勉学・修行の場、偕楽園を休息の場として対を成すよう設計したと伝わっている。

⑦いしかわ生活工芸ミュージアム

　石川の風土が育てた36業種すべての伝統的工芸品が展示されている。36業種を衣・食・住・祈・遊・音・祭に分け、それぞれの「彩る美」をキーワードに展示を行う常設展示コーナーや、様々なテーマを扱い、夏には制作体験してもらう企画コーナーもある。

【所在地】金沢市兼六町1-1
【電話番号】076-262-2020
【開館時間】9：00〜17：00
【休館日】4〜11月　毎月第3木曜日
　　　　　12〜3月　毎週木曜日および
　　　　　年末年始
【入場料】
1階　無料、6歳以下は2階も無料
2階①大人(18歳以上)個人260円
　　②大人(65歳以上)個人210円
　　③小人(17歳以下)個人100円
　　団体(30人以上)①②210円③80円

⑥太宰府天満宮

　福岡県太宰府市宰府にある神社。旧社格は官幣中社で、現在は神社本庁の別表神社。神紋は梅紋である。菅原道真(菅公)を主祭神として祀る天満宮の代表格に位置付けられている。創建は919 (延喜19)年。

　初詣の際には、九州はもとより全国から毎年200万人以上、年間では850万人以上の参拝客を数える。

　現在、京都の北野天満宮とともに、全国天満宮の総本社とされており、また、右大臣のとき陰謀に遭い、都から遠く離れた九州・太宰府に左遷され永眠した菅公の御霊廟として篤く信仰されている。

⑧36業種

　県内で継承されてきた伝統的工芸品を、国と県が36業種と認定している。

　このうち九谷焼、加賀友禅、輪島塗、山中漆器、金沢仏壇、金沢箔、七尾仏壇、金沢漆器、牛首紬、加賀繍の10業種は国指定で、和紙、美川仏壇、桐工芸、檜細工、珠洲焼、加賀毛針の6業種は県指定。残る20業種の大樋焼、加賀竿、加賀獅子頭、加賀象嵌、加賀提灯、加賀水引細工、金沢和傘、金沢表具、郷土玩具、琴、三弦、太鼓、竹細工、茶の湯釜、鶴来打刃物、手捺染型彫刻、銅鑼、七尾和蝋燭、能登上布、能登花火は「稀少」とされる。

くらし伝える旧三尖塔校舎
戦前、戦後の民俗資料ずらり

金沢城、兼六園および周辺を巡り加賀百万石回遊ルートもいよいよ終盤です。ここからは飛梅町、出羽町の歴史文化、美術工芸文化ゾーンをたどってまいります。

まさこ　私、薫、知波綾3人の母校紫錦台中学の敷地内、ここは飛梅町の①**金沢くらしの博物館**です。

ちはや　私も母も右奥の鉄筋コンクリート校舎だけど、こちらの木造校舎に通学していたの？

まさこ　はい、この三尖塔校舎よ。この校舎自体、旧制石川県第二中学校の本館で、国重要文化財。教育施設の役目を終えて、現在は城下町金沢の民俗文化を紹介する、くらしの博物館として活用されているのよ。

ちはや　くらしの博物館って、なんだか敷居が高くなくて面白そうね。

まさこ　そうなのよ。1階の目玉は2つの部屋で展開する戦前のくらし、戦後のくらし。金沢は非戦災都市だから戦後75年経った今でも昔のものが随分残っているのね。それで衣食住の変遷に触れてもらおうというわけ。ちはやは平成っ子だから、あまりピンとこないかな。

ちはや　そんなことないよ。小さい

おひつや押しずしの箱型が並ぶコーナー

①➡ **もっとくわしく!!** ➡146ページで解説

観賞をより楽しくさせるARのタブレット端末

頃にあった家電とか、日用品が並べられていて目を楽しませてくれる。

まさこ そうか、平成っ子にも楽しいか。私にとっては戦前も戦後も実体験そのものが展示されているので、懐かしくもあるし、あらためて、あの頃が何だったかと考えさせてくれるのでいいわ。それに2階の「金沢くらしの大百科」も、金沢の郷土料理やことば、昔の写真など満載で、庶民の金沢を歌い上げているね。

ちはや ねぇ、これすごいよ。今はやりのARのタブレット端末。ほら、展示してある古い街並みの白黒写真がカラーで観賞できるよ。ここの古

時計の音色もこれで聞けるんだって。

まさこ 私たちアナログ世代にも、あなたたちデジタル世代にも楽しめる仕掛けになっているんだね。

旧校舎のままの2階の廊下。着物の吊り下げ展示品

重文の三尖塔校舎が活用された金沢くらしの博物館

9

135

加賀八家奥村家の土塀健在
明治初期の宣教師邸跡も

まさこ　ここ②飛梅町（とびうめちょう）は復活した旧町名なの。前田家ゆかりの町名でそれなりの町域なのに民家はたった1軒、それもご先祖が加賀藩士で土塀が残っているわ。

ちはや　へぇ〜ここにも武家屋敷の名残があるんだ。さすが城下町金沢。

まさこ　令和の飛梅町は博物館、学校でほぼ占められているのね。

ちはや　学校といえば、北陸学院中・高校、「ミッション」があるわね。

まさこ　ミッションはずっと昔からあるんだけど、ここは近代金沢のキリスト教伝道の地でもあるんだよ。ことに1879（明治12）年に師範学校で教鞭（きょうべん）を執るため金沢を訪れた宣教師のトマス・ウィンが1888（明治21）年、飛梅町に邸宅を建てたの。それが今、北陸学院ウィン館として残っているわ。

下石引町の代表的な歴史建造物の旧奥村宗家上屋敷跡の土塀。足元には辰巳用水

明治初期のキリスト教伝道史を伝える北陸学院ウィン館

ちはや　確かウィンはミッション開校の魁（さきがけ）でもあるんじゃなかった？

まさこ　そうだね。ウィン館はバルコニーなど典型的なコロニアルスタイルで、金沢に現存する最古の異人館だね。現在、市指定保存建造物として、ウィン夫妻らのキリスト教伝道史の語り部となっているわ。

ちはや　ねぇ飛梅町の隣の下石引町には金沢医療センターあるでしょ。

まさこ　そうね。足元に兼六園、金沢城へと注ぐ辰巳用水が流れているけど、その横に長く続く土塀の内側が旧国立病院、今、医療センター。

藩政期からの土塀が残る飛梅町唯一の民家
＝「かなざわ旧町名復活物語」から

ちはや　この土塀もすごいね。もはや、これだけの規模のは市内にない。

まさこ　ここは加賀八家の一つ**③奥村宗家の上屋敷**（そうけ）があったところなの。だから総延長267メートルにも及ぶ長い土塀が残っているんだわ。造りも大身にふさわしい豪壮なもので、2020（令和2）年、市有形文化財に指定されたのよ。

ちはや　土台の石垣も赤戸室石をしっかり組んだ切り石積だね。

9

②③→ **もっとくわしく!!** →146ページで解説

県立能楽堂は幽玄の空間

広坂には金沢能楽美術館

二代目佐野吉之助がモデルとされる謡曲「杜若」像を横目に県立能楽堂へ

金沢能楽堂の能舞台を移設した県立能楽堂

広坂にあった金沢能楽堂の模型＝金沢能楽美術館

能面や能装束が展示された金沢能楽美術館

まさこ　ここ④**県立能楽堂**には、中学生の時にきたことあるでしょ。

ちはや　うん、来た、来た。能と狂言の鑑賞だったのを覚えてる。能の方はよく分からなかったわ。狂言は筋書きがそれなりに理解できたかな。

まさこ　それは、市教育委員会が藩政期から金沢に根付いた伝統芸能の能楽を理解してもらおうと中学3年生を対象に毎年開催している観能教室ね。今年はコロナで開かれなかったけど、1949（昭和24）年の広坂の金沢能楽堂時代からずっと続けていて、昨年で71回を数えたそうよ。

ちはや　それはすごいね。全国でも金沢だけでしょ。

まさこ　もちろん。そこは「⑤**加賀宝生**王国」と称したり、「空から謡が降ってくる」と言われたほど能楽の盛んな土地柄があるわね。ここはまさに加賀宝生の殿堂で、金沢能楽会が主催する定例能やいしかわ伝統

文化活性化実行委員会が主催する観能の夕べなどが開催されているのよ。

ちはや　じゃあ、ここには博物館としての機能は持っているのかな。

まさこ　それがないのよ。代わりにすぐ近くの広坂1丁目に⑥**金沢能楽美術館**があるわ。

ちはや　へえぇ〜、そこはどういうミュージアムなのかな。

まさこ　県立能楽堂の前身は広坂にあった金沢能楽堂なの。これは加賀宝生中興の祖と言われた佐野吉之助が廃藩置県で一時廃れた加賀宝生を再興させ、二代吉之助らが尽力し広坂に1932（昭和7）年建てたのだけど、1971（昭和46）年に能舞台が県に寄贈され移築して、現在地に県立能楽堂となったという歴史があるの。

ちはや　なるほど、その歴史を語る能面や衣装など色々な展示物があるのね。一度行ってみたいわ。

9

④⑤⑥ **もっとくわしく!!** →146、147ページで解説

新天地にしっくり工芸館
軍都の遺物、令和の新活路

まさこ　「皇居のほとりから、工芸のまちのなかへ」って、このポスターのキャッチコピーいいよね。

ちはや　しゃれてる。出羽町の⑦<u>国立工芸館</u>、いよいよ10月25日オープンだね。待ち遠しいな。

まさこ　オープンを目前にして、きょうは特別に唐澤昌宏館長にご案内していただくことになりました。こんにちは。唐澤館長、この正面のこの展示作品はすごい存在感ですね。

唐澤館長　何に見えます？高さは約3メートル。陶製オブジェです。

ちはや　作者はどなたで、テーマというか作品名はあるんですか。

唐澤館長　作者は名古屋市出身、米国在住の金子潤（じゅん）さん。作品名は特にありませんが、DANGO（ダンゴ）というシ

リーズのひとつです。

まさこ　館長が正面玄関の入りたてのところにこれを置かれたのは、どういう意図がおありなんですか？

唐澤館長　これね、金沢の風土を表現しているんです。細かいストライプは雨で、まーるい頭の濃い紺色は空の色を映して雨雲にも、青空にも、陽光の向きで色合いが変わります。

ちはや　ああ、ご説明を聞くと、そんなふうに見えてきた。なるほど雨。

まさこ　確かに今後、金沢の国立工

ツイン建物をつなぐ正面入口

⑦→ **もっとくわしく!!** →147ページで解説

ミントグリーンと白のツートンカラーの管理・収蔵棟

芸館のシンボルになりそうですね。

唐澤館長 そうですか。ありがとう。

まさこ 館長、工芸館は正面向かって左が軍都金沢の旧陸軍第九師団司令部庁舎、右が旧陸軍金沢偕行社（かいこうしゃ）の建物をここに移転活用したのですよね。ツインの建物は役割分担してい

るんですか。

唐澤館長 東京国立近代美術館工芸館は約3900点を収蔵していますが、金沢へは約1900点を移転します。展示棟は向かって左の建物、向かって右の建物（おおむ）は概ね管理棟に充てています。ではご案内しましょう。

ツイン建物の真ん中の入口から入るといきなり巨大な陶製オブジェ

9

瀟洒な館にハイテク展示
漆聖・松田権六の仕事場再現

白漆喰の天井、壁、柱にシンプル&リッチのシャンデリアの展示棟

東京から移設された漆聖松田権六の仕事部屋

まさこ　主展示棟の真ん中の階段ホール。館長、これ、いいですねぇ。純白の壁、柱、そして天井。シャンデリアも決して華美でなく、シンプル＆リッチ、何と瀟洒（しょうしゃ）な建物。

唐澤館長　実はこのシャンデリアは東京時代と同じデザインにしたんです。ここの雰囲気に合うと思ってね。これをご覧ください。

ちはや　あっ、これは展示品をあらゆる角度から、しかも拡大も思うままにできる3 D（スリーディー）鑑賞システムですか。

唐澤館長　そうです。隣接の展示室で、ガラスケースに入った作品は、360度の鑑賞はできません。

　これは、画面に直接タッチして、器をひっくり返して高台（こうだい）を眺めたり、細部を見たければ、スクロールも自在。十二分に作品を楽しんでもらおうという趣向です。

まさこ　へえぇ、時代ですね。高台なんか、ガラスの展示台の下に鏡を仕組んで鑑賞するのが、これまでの常道だったのに。

唐澤館長　そうですね、IT（情報技術）も日進月歩、工芸館も時代の流れに遅れず、積極果敢に最新機器を導入することが求められています。では、2階に進みましょう。

ちはや　あっ、これは仕事場かしら。

唐澤館長　はい。金沢出身の文化勲

作品をあらゆる方向から拡大して見られる3D鑑賞システム

章受章者の漆芸家**⑧松田権六**さんの工房ですよ。東京からそっくりそのまま、こちらへ移したんです。

まさこ　ああ、いいですね。障子戸も、昔のシェードの電灯も。あっ、権六さんはお酒好きだったんですか。

唐澤館長　いやいや、あれは一升瓶（びん）に、漆芸に使うテレピン油を入れて日常、使っていたようです（笑い）。

まさこ　そのまんまという自然体がいいですね。「漆聖」（しっせい）とうたわれたのに、その創作の現場は気取らず質素で庶民的。

　松田先生をますます尊敬致します。

9

⑧➡**もっとくわしく!!**➡147ページで解説

選りすぐり逸品絶品展示

館裏に存在感あるオブジェ

オープン早々、展示が予定される品々

作品を搬入していない陳列ケースの前で抱負を語る唐澤館長（右）

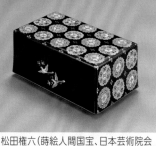

松田権六（蒔絵人間国宝、日本芸術院会員、文化勲章受章）「蒔絵螺鈿有職文筥」1960年

角偉三郎「溜漆椀」1992年 写真:森善之

富本憲吉（色絵磁器人間国宝）「色絵金銀彩羊歯文八角飾箱」1959年 写真:森善之

飯塚琅玕齋「花籃 あんこう」1957年 写真:森善之

長野垤志（茶の湯釜人間国宝）「松林の図肩衝釜」1959年 写真:森善之

藤田喬平（日本芸術院会員、文化勲章受章）「飾筥 琳派」2001年 写真:アローアートワークス ©2014

江里佐代子（截金人間国宝）「截金六角組飾筥 六花集香」1992年 写真:森善之（7点いずれも東京国立近代美術館所蔵）

館裏に展示された橋本真之作「果樹園―果実の中の木もれ陽、木もれ陽の中の果実」1978–88年

まさこ　館長、いま拝見した松田権六さんの仕事部屋は展示棟に常設されるんですよね。あとは一定期間ごとにテーマや展示物が変わる企画展示と考えても良いのでしょうか。

唐澤館長　今のところ基本的にはおっしゃる通りです。だからこの棟の展示室は1階に1部屋、2階に2部屋の、計3部屋ですね。

まさこ　私たちが今いる、この空間に日本を代表する、いや世界に誇り得る古今の工芸品が展示されるのですね。逸品、絶品を目の当たりにできる日がくるのが待ち遠しいです。

唐澤館長　はい、私たち職員一同、石川県内外、そして海外からのご来館を心からお待ちしております。

ちはや　10月25日を前に開館記念企画展の展示品は既に決まっているんですか。主なものだけでも教えていただいてもいいですか。

唐澤館長　「工の芸術―素材・わざ・風土」と銘打って、近現代の日本芸術院会員や人間国宝らの名品128点を展示します。主なものを7点ほど挙げますか。まず、松田権六氏の「蒔絵螺鈿有職文筥」、1960年の作ですね。次に、輪島市出身の角偉三郎氏の「溜漆椀」、漆芸の盛んな土地ですから。石川に割と関係が深い人では富本憲吉氏ですね「色絵金銀彩羊歯文八角飾箱」と題した1959年の作品ですね。

　このほか飯塚琅玕齋氏の「花籃あんこう」、長野垬志氏の茶釜「松林の図肩衝釜」、藤田喬平氏の「飾筥　琳派」、江里佐代子氏の金工作品「截金六角組飾筥　六花集香」ですね。

まさこ　すごい。これぞ国立工芸館。

ちはや　工芸品というと、郷土の伝統工芸など狭くイメージしていましたが、現代アートを含めた、広くて深い日本の工芸の館になるんですね。

唐澤館長　そうです。だから館裏に野外展示してある橋本真之さんの巨大オブジェも常設ですね。

まさこ　県民だけでなく、全国からのお客様を迎えて、伝統工芸王国に新風が吹き込まれますね。これで老後の楽しみができました。（笑）

9

もっとくわしく!!

①金沢くらしの博物館

　城下町金沢の伝統的な風習を紹介するために、生活用具などの有形資料だけでなく、言葉や料理、お祭りなどの無形のものや、四季を通じた移り変わりを展示している。これらの展示を通して、金沢の民俗文化の豊かさに触れることができる。

【所在地】金沢市飛梅町3-31
【電話】076-222-5740
【開館時間】9:30〜17:00
【休館日】展示替え期間
　　　　　12月29日〜1月3日
【料金】一般310円65歳以上210円
　　　　障害者210円高校生以下無料
　　　　団体(20人以上)260円

③奥村宗家の上屋敷

　奥村宗家は加賀八家の一つ、禄高1万7千石の奥村永福を家祖とする本家。上屋敷は現在の下石引町にあり、家屋敷は無くなり、土塀だけが残されて、敷地には現在、金沢医療センターがある。同センターは国立金沢病院が発展、改称した病院で、戦前は旧軍の金沢衛戍病院であった。

　　宗家に対して支家(1万2千石)は永福の次男易英が初代。

　　上屋敷跡の土塀は、2020(令和2)年、金沢市有形文化財に指定された。傍らを流れる辰巳用水とともに、城下町金沢の貴重な景観。

②飛梅町

　金沢市の旧町名で、2000(平成12)年4月に下石引町とともに復活した。

　加賀八家のひとつ前田対馬守長種家(1万8千石)の下屋敷(家中町)があったところで、同家の家紋「角の内梅輪」にちなみ、1869(明治2)年命名された。

　1870(明治3)年に創設された小立野小学所は、1899(明治32)年に、県第二中学校(旧制)として町内に建てられた。その後、同校は市立紫錦台中学校となり、旧校舎(三尖塔)は後に金沢くらしの博物館となり現在に至る。

　藩政期から在住しているのは1軒のみとなり、北陸学院中学・高校もこの地にあって文教地区を形成している。

④石川県立能楽堂

　石川県立能楽堂は、能楽文化の保存・継承および振興の拠点として、1972(昭和47)年、全国初の独立した公立能楽堂として、加賀宝生の盛んな地・金沢の芸術文化ゾーンの一角・石引4丁目に造られた。旧名称は県立能楽文化会館。

　沿革は1932(昭和7)年、広坂に金沢能楽堂が完成、戦後の71年、金沢能楽堂・能舞台が県に寄贈され、現在地に移築された。72年に県立能楽文化会館が完成、開館し86年に県立能楽堂に改称され、現在に至る。

【所在地】金沢市石引4-18-3
【電話】076-264-2598
【休館日】毎週月曜日、国民の祝日(但し文化の日を除く)年末年始(12／29〜1／3)

⑤ 加賀宝生（ほうしょう）

　金沢の能楽は、加賀藩前田家が武家の式楽（しきがく）として保護、育成を図り、庶民として独自の発展を遂げ、この街では「空から謡が降ってくる」とまで言われるようになった。

　もともと加賀藩では藩祖利家が豊臣秀吉の影響を受けて、金春流（こんぱるりゅう）を好んだ。それが藩として宝生流に大きく舵を切ったのは5代藩主綱紀の時で、5代将軍徳川綱吉にならい宝生流を取り入れた。10代重教（しげみち）、12代斉広（なりなが）、13代斉泰（なりやす）らが特に奨励した。しかし、廃藩置県で衰退。明治になって佐野吉之助が再興を図り、広く市民に普及し、金沢能楽会も組織された。

⑥ 金沢能楽美術館

　金沢能楽美術館は、藩政期から伝わる加賀宝生の貴重な能面や能装束を収蔵、展示する施設として、かつて金沢能楽堂のあった地に、開設された。

　1階には能舞台を再現、映像で体験などし、2階はメイン展示室。

【所在地】金沢市広坂1-2-25
【電話】076-220-2790
【開館時間】10:00〜18:00
【休館日】月曜日、（休日は翌平日）
　　　　　年末年始
【料金】一般・大学生　310円
　　　　65歳以上　　210円
　　　　高校生以下無料
　　　　団体（20人以上）260円

⑦ 国立工芸館

　2020（令和2）10月25日に、金沢市に開館する日本海側初の国立美術館。陶磁や漆工、染織、金工など東京国立近代美術館が所蔵する美術工芸作品の中から約1900点が国立工芸館へ移転する。

　建物は、明治期に建てられた2つの旧陸軍の建物で、旧陸軍第九師団司令部庁舎と旧陸軍金沢偕行社。

【所在地】金沢市出羽町3-2
【電話】050-5541-8600（ハローダイヤル）
【開館時間】9:30〜17:30（入館は17:00まで）
【休館日】月曜日（祝休日なら翌平日）
　　　　　年末年始、展示替え期間
【料金】展覧会により異なる

⑧ 松田権六

　（1896−1986）蒔絵人間国宝、文化勲章受章者。県立工業学校漆工科卒。東京美術学校漆工科を経て1943（昭和17）年、東京美術学校教授に就任。以後、36年間同校で教鞭（きょうべん）を執る。47年に日本芸術院会員となり、55年に人間国宝に認定される。

　伝統工芸の復興に尽力する一方で、並木製作所の蒔絵万年筆「ダンヒル・ナミキ」の制作指導といった蒔絵の新分野の指導も行っている。

　代表作に県立美術館所蔵の「蓬莱の棚（ほうらいのたな）」などがあり、漆工芸史に名を残す巨匠として「漆聖（しっせい）」と称えられた。

生まれ変わった美大跡
歴博、常設も見ごたえ十分

歴史を刻む文化の杜

藩政期、加賀八家本多家の上屋敷だったこの地は戦後「本多の森」と呼ばれ、文化ゾーンを形成してきました。昭和から令和の半世紀で厚みを増し、今「歴史を刻む文化の杜」に。

まさこ　私が、ちはやの歳くらいの時、いつもこの美大赤レンガ校舎の前を通って短大に通っていたのよ。

ちはや　へぇぇ、美大だったんだ。元から金沢美大だったのかなあ。

まさこ　違うわ。戦前は旧陸軍の兵器庫だったのが、1986（昭和61）年、①石川県立歴史博物館（以下歴博）として生まれ変わってね。90（平成2）年には赤レンガ建造物3棟が国重要文化財に指定され、91年には日本建築学会賞を受賞したの。

ちはや　赤レンガの建物って、風格があるねえ。見ていて飽きない。

まさこ　3棟あるうち、道路側の第1・2棟が歴博、一番奥の第3棟が加賀本多博物館なのね。まずは歴博から見てみましょう。

ちはや　第1棟は「歴史発見館」、第2棟は「交流体験館」となっている。歴史発見館からね。

まさこ　1階は原始・古代から近現代までの歴史・民俗の展示。こうい

参勤交代の大名行列のミニチュア模型

①➡ **もっとくわしく‼** ➡160ページで解説

うふうに、時系列的にしかも年表、展示品、解説パネルの配置をビジュアルに、カラフルに、様々な工夫を凝らしてあるのはいいよね。

ちはや 私のような若い世代や県外からの観光客でも、石川の歴史に親しめるようになっているし、動画やオーディオ解説などIT（情報技術）活用もなかなかね。この参勤交代のコーナーもおもしろい。

まさこ 2階は企画展ね、今は「加賀藩の文芸文化」を開催中。千代女など加賀ゆかりの俳人100人が描かれた六曲一双屏風は、見るの初めて。第2棟には体験棟もあるし、

歴博には訪れるたび新鮮な発見があるからいいわ。折をみて、また来てみたいね。

本多家の歴史を一堂に
武具甲冑から家宝の壺まで

まさこ　赤レンガミュージアムの一番奥が**②加賀本多博物館**です。まさにこの一帯に加賀八家筆頭、禄高は5万石の本多家の上屋敷がありました。きょうはご当主の本多政光館長にご案内いただきます。こんにちは。

本多館長　こんにちは。コロナ禍であまり来館者もいないので、ゆっくりご覧になってください。

まさこ　加賀八家でも博物館を持っていらっしゃるのは、ここと前田土佐守家資料館だけですよね。しかもここは本多家伝来の武具甲冑から

刀、槍、家宝の壺にいたるまで、来館者を圧倒するボリュームですよね。よくぞこれだけ守ってこられた。

本多館長　そうですね。廃藩置県から始まった激動の明治、大正、昭和は本多家にとって受難の時期もありましたが先々代、先代と先祖から受け継いだ品々を何とか後世に伝えたい、との堅い意志の結果でしょうね。

ちはや　初代政重にまつわる本多家随一の家宝「村雨の壺」についてご説明願えませんか。

本多館長　これはね、別名「五万石

華やかな火事装束や武具甲冑の数々。背後に立葵紋の陣幕

②➡ **もっとくわしく‼** ➡160ページで解説

の壺」とも言うんです。初代政重が、2代藩主利長の隠居領であった越中（ちゅうにいかわぐん）新川郡の帰属問題を解決したことにより、褒美（ほうび）に五万石加増を、となったのです。これを固辞したため、代わりにもらい受けたのが「村雨の壺」であったわけですね。

まさこ ここではどの展示を見ても、超一級中の一級品揃い。ため息が出るばかりです。この刀も備前長船（びぜんおさふね）の名工が鍛えし業物（わざもの）だし、後藤一族の手になる刀装具も精緻な細工の極致（せいち）と言えるし、満足この上ありません。

ちはや 「百万石の加賀には8人のお殿様がいた」というけど、ここを訪ねたらきっと納得できると思います。

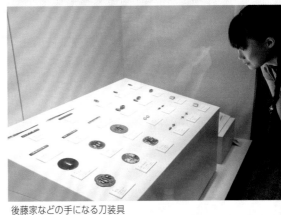

後藤家などの手になる刀装具

本多家随一の家宝「村雨の壺」

10

国宝を飾る美術の殿堂
前田家の至宝も企画展

まさこ　③石川県立美術館に来ると、本当に感慨深いものがある。ここに母校の金沢女子短大があったのだから。隣に児童会館や野鳥園があったのも今は昔。半世紀の間に大変わりしたわ。一帯は見違えるようになった。まさに「歴史を刻む文化の杜」ね。

ちはや　文字通りその中心にあるのが県立美術館ということなの。

まさこ　そう。今秋、国立工芸館がお隣に開館し、金沢21世紀美術館も来館者などで存在感を示してきたけど、やはり県立美術館は美術工芸王国の拠点ゆえに重みが違うの。

ちはや　具体的にはどういうこと。

まさこ　石川県に国宝は2点あるよね。1つは野々村仁清作の「色絵雉香炉」でこれは常設展示している。もう1つは白山比咩神社所蔵の「剣銘吉光」で、受託保存しているの。

ちはや　じゃあ、国宝2点とも県立美術館の中にあるんだ。

まさこ　もう一つ、重い存在にしているものがあるのだけど知ってる?

ちはや　何だろう。分かんない。

まさこ　それはね、石川の美術工芸

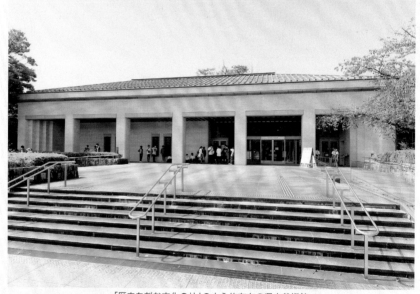

「歴史を刻む文化の杜」の中心的存在の県立美術館

③④→ **もっとくわしく!!**→160ページで解説

前田育徳会尊経閣文庫分館

は加賀藩に負うところが大きいのだけど、前田家のお宝の数々を所蔵する**④前田育徳会尊経閣文庫**(東京)の分館が県立美術館にあるのよ。館内には専用展示室があり、様々なテーマで企画展を開催しているわ。

ちはや　国宝色絵雉香炉を拝見いたしましょう。

まさこ　この展示ケースにある雉香炉はね、雌雄一対だけど、国宝は雄だけなのよ。「色絵雌雉香炉」は国重要文化財。一つのケースの中に国宝と重文の焼き物

が共存してるなんて、国内でもここだけでしょ。

ちはや　尊経閣文庫分館も大変なお宝の数々が、色々なテーマで公開されているんだって。今度じっくり見に来ます。

国宝色絵雉香炉(右)は雄、雌は重文

10

現代美術展の主会場今も
時世に合わせて様々な企画展

吹き抜けもあるゆったり空間の県立美術館

大きな窓から館外の景色を楽しめる休憩スペース

まさこ　県立美術館（県美）は1959（昭和34）年に、兼六園の小立野口の隣、現在のいしかわ生活工芸ミュージアムの所に開設されたから、60年を超える歴史を刻んでいるのよ。1983（昭和58）年の現在地移転からでも37年も経っているんだけど、毎年必ず春に開催してきて、主会場となる展覧会は知っている？

ちはや　ああ、それは知っている。⑤**現代美術展**でしょ。終戦から間もない1945（昭和20）年10月、金沢で有志たちによって第1回が行われた総合美術展ね。毎年、開いてもう75回以上になるんじゃない。

まさこ　はい、その通り。現代美術展、略して現美は若き作家たちの登龍門として継続され、文化勲章受章者や人間国宝など、たくさんの作家を育てて来た展覧会なのね。

ちはや　いま展覧会を開催している⑥**鴨居 玲**（かもい れい）も現美に出品したの？

まさこ　そうよ。だって、鴨居玲の父の悠（ゆう）が北國新聞主筆をしていて、現美開催に尽力したんだから。とにかく、県立美術館は多くの展覧会を開催することによって、地域の美術文化の振興に寄与してきたのよ。

ちはや　確かに、地方の美術館には地域に根差した色々な展覧会を開くという大切なお仕事があるんだね。

まさこ　現美のほか、伝統工芸展とか地元の美術団体が主催している展覧会はほとんど。日展とか全国各地で開かれるメガ展も開かれているよ。

ちはや　県美のいいところは空間を十分にとったゆとりあるたたずまい。

まさこ　作品鑑賞の展示室も照明から温湿度まで徹底管理しているほか、一休みできるスペースも十分な空間を確保し、大きな窓から「本多の森」の新緑や紅葉を楽しめるのも県美のいいところだね。

10

2020年夏開催した「没後35年　鴨居玲展」

⑤⑥➡ **もっとくわしく!!**➡161ページで解説

青柳新館長の発信力に期待
来秋こそ国際工芸サミットを

県立美術館(右)に隣り合って建つ国立工芸館

まさこ　県立美術館の新館長に、前文化庁長官の青柳正規(あおやぎまさのり)さんが9月1日付で着任したね。

ちはや　うん、北國新聞に載ってた。文化行政に精通した新館長には、国立工芸館との連携や美術工芸王国の発信を期待するとあったわ。

まさこ　青柳新館長は、文化庁長官時代に「国際北陸工芸サミット」を提唱したのね。それで今秋予定していた「国際北陸工芸サミットin石川」が東京五輪の1年延期に伴い、来年秋に開催が見込まれているの。

ちはや　1年かけて準備できるのね。

まさこ　本当にね。県立美術館といえば、昨年末に亡くなられた嶋崎丞(しまさきすすむ)前館長が、土壌を耕し、施肥施水に努めてこられた。そこに大輪の花を咲かせるのが新館長なんだね。

　ところで、美術館には展覧会開催と並んでもうひとつ大切な役割があ

るけど、何か知ってる？

ちはや　そりゃ作品の収集でしょ。

まさこ　正解。この収集でも、嶋崎

久隅守景作の重文「四季耕作図」

前館長はひときわ尽力されたのね。

ちはや 60年以上にわたって、工芸はじめ広く収集されたんでしょう。

まさこ 筆頭は古九谷かな。県文「色絵鳳凰図平鉢」や同じく県文の「青手樹木図平鉢」などは結構、知られた存在よね。漆芸だと重文の伝清水九兵衛「蒔絵和歌浦図見台」があるし、さっき国立工芸館で仕事場を拝見した漆聖松田権六なら「蓬莱の棚」とか。加賀藩ゆかりの絵師久隅守景の重文「四季耕作図」もね。

近現代だと、小松市出身の洋画家宮本三郎画伯の「熱叢夢」とか。金工人間国宝、魚住為楽の「砂張銅鑼」とか木工人間国宝、氷見晃堂の「大般若理趣分 経 之箱」などそれらが今後色々な舞台で脚光を浴びる機会が増えると密かに願っています。

ちはや それと、隣り合わせた国立工芸館とのコラボも期待できそうね。

「青手樹木図平鉢」（左）など県立美術館所蔵の古九谷の名品群

10

第10章　歴史を刻む文化の杜

縁の下の力持ち修復工房
美術参加へ開いた広坂別館

まさこ　県美の敷地内に本館に隣接する、⑦**県立美術館広坂別館**と⑧**県文化財保存修復工房**があります。

ちはや　それぞれ、どんな役割なの。

まさこ　まずここは藩政期に本多家上屋敷があり、明治に入ると旧陸軍の用地となり、1922（大正11）年には第九師団の師団長官舎が建てられたの。この建物がそれね。

ちはや　外観はそのままなの。瓦屋根の洋風建築で煙突もあるし、造りはなかなかね。お庭も素晴らしい。

まさこ　戦後は進駐軍の将校官舎、県児童会館や野鳥園などに使われてきたんだけど、2008（平成20）年からは、広坂別館となって今に至るの。建物は2016（同28）年、国の登録有形文化財に指定されているわ。

それから県文化財保存修復工房はもともと県美の出羽町分室にあったんだけど、2016年、老朽化で取り壊し、この地に新築オープンしたのよ。

ちはや　それぞれはどんな役割？

まさこ　広坂別館はギャラリーとして使える多目的室があるの。要は、県美本館だとちょっと近寄り難いとみるアマチュアグループなどに無料で提供しているの。内装はしっかりしているから、少人数の女性などに

瀟洒な造りの広坂別館

本多家上屋敷の名残の築山と巨樹

結構人気があるみたいよ。有料の和室もあって茶会などにいいみたい。

ちはや 文化財修復工房は結構、人気がありそうね。主にはどんなものを修復するのかな。

まさこ 掛け軸や屏風、古文書などね。金沢は戦災に遭わなかった城下町だから市中には、質・量ともにかなりの文物が残っているそうよ。虫喰いでボロボロになった掛け軸など大変らしい。でも、これは大変重要なお仕事で美術王国を下支えする、縁の下の力持ちなの。ただね、修復対象は県、市、町の文化財と限られるけど、見違えるほど美がよみがえるよ。

シャンデリアのあるギャラリーでの小さな展覧会

屏風を修復するスタッフ＝県文化財保存修復工房

10

もっとくわしく!!

①石川県立歴史博物館

　明治から大正にかけ旧軍施設として建てられた3棟の赤れんが建造物（国重要文化財）を活用した博物館。3棟のうち道路側の1棟、真ん中の1棟が展示・管理・収蔵に充てられている。

　常設展示棟には原始・古代から始まって近世、近代に至るまで楽しめる。企画展示も随時開催されており、有料となっている。

【所在地】金沢市出羽町3-1
【電話番号】076-262-3236
【開館時間】9:00～17:00
【休館日】年末年始（12／28～1／3）、
　　　　　展示替え整理期間
【料金】一般300円、大学生240円、65歳以上
　　　　240円、高校生以下無料、特別展は別料金

③石川県立美術館

　石川県を代表する美術館で、60年以上の歴史を刻む。国宝色絵雉香炉を展示する特別室のほか、前田育徳会尊経閣文庫分館もあり、藩政期に花開いた伝統工芸に力点を置いている。

　上記常設展示のほか、洋画、日本画、彫刻など古美術から現代アートに至るまで幅広く企画展を開催している。

【所在地】金沢市出羽町2－1
【電話番号】076-231-7580
【開館時間】9:30～18:00
【休館日】展示替え期間と12／29
　　　　　～1／3
【料金】一般370円、大学生290円高校
　　　　生以下無料、特別展は別料金
　　　　団体は一般290円、大学生230円

②加賀本多博物館

　県立歴史博物館以外の赤れんが建物を活用した「加賀本多家」の博物館。本多家は藩政期、初代を政重とする、加賀藩重臣八家のうちの筆頭（5万石）。

　政重が関ケ原で着用したと伝わる重厚な武具甲冑から、火事の際まとったとされる華麗な装束まで、武家であり重臣であった本多家の貴重な品々を通して、「加賀百万石」を実感できる。

【所在地】金沢市出羽町3-1
【電話番号】076-261-0500
【開館時間】9:00～17:00
【休館日】12～2月の木曜、年末年始12／29
　　　　　～1／3、展示替え整理期間
【料金】一般400円、大学生300円、
　　　　高校生以下は無料、団体は50円割引

④前田育徳会尊経閣文庫

　前田家伝来の文物を後世に伝えていくため、収蔵品の保存と公開を目的とする公益財団法人で、東京都駒場にある。1926（大正15）年、前田家16代当主前田利為氏がその3年前に起きた関東大震災の惨状に鑑み設立した。理事長は石田寛人氏。

　尊経閣文庫は公益財団法人前田育徳会の通称。利為氏が5代藩主綱紀の「尊経閣蔵書」にちなみ命名したとされる。尊経閣文庫の収蔵品には、2017（平成29）年現在、国宝22件、重要文化財77件などがある。県立美術館に分館があり随時公開している。

⑤現代美術展

終戦直後の1945（昭和20）年10月に第1回展が非戦災都市・金沢で開かれた総合美術展。2020（令和2）年春に、第76回を迎えた。日本画、洋画、彫刻、工芸、書、写真の6部門から所属会派を超えて出品。県美術文化協会会員らの秀作に、一般公募からの入賞、入選者の意欲作を加え、県立美術館、金沢21世紀美術館で展示する。

現代美術展の創設には北國毎日新聞主筆の鴨居悠、洋画家高光一也、舞台美術家の浅田二郎、彫刻家長谷川八十の尽力が功を奏したもので、「美術工芸王国」石川の底力を反映した「戦後60日の奇跡」と呼ばれた。

⑦石川県立美術館広坂別館

もともと、加賀八家筆頭の本多家の上屋敷地にあり、戦前、陸軍第九師団の師団長官舎があった。戦後、官舎の建物はそのまま残され、県児童会館、野鳥園などが置かれたが、県立美術館がこの地に移転新築されてからは、県広坂休憩館から県立美術館別館となり、多目的室、和室に加え、修復工房事業を紹介するガイダンス室を新設した。

【所在地】出羽町1-1
【電話】076-221-8810
【開館時間】9:30～17:00
【休館日】年末年始（12／28～1／3）
【施設貸出】多目的室は無料。和室の1日使用は2450円、半日使用は1480円。
【入館料】無料

⑥鴨居 玲

（1928－85年）。金沢市生まれの洋画家で、社会や人間の闇を描いた。父は北國毎日新聞（現北國新聞）主筆、姉は下着デザイナーの鴨居羊子。

金沢市立金沢美術工芸専門学校（現在の金沢美大）に入学、宮本三郎画伯に師事する。パリ、ローマはじめ南米などを渡り歩いた経験が、後の作品に反映された。1966（昭和41）年に昭和会賞と安井賞を受賞。71（同46）年にはスペインに渡り、アトリエを構えて制作に没頭する。84（同59）年には母校・金沢美大の非常勤講師を務めた。その後、仕事に行き詰まり、85（同60）年、神戸市の自宅で自殺した。

⑧石川県文化財保存修復工房

藩政期から息づく石川を中心とする北陸の文化資産を良好な状態で保存し、永く後世に引き継ぐことを目的に掲げ1997（平成9）年に県立美術館の附属施設として、美術館に隣接する旧県庁出羽町分室の2階に開設した。

しかし、旧金沢女子短大の建物の老朽化に伴い、2016（平成28）年、美術館広坂別館に隣接し新設オープンし、修復作業を公開している。

所在地、電話、開館時間、休館日、入館料は県立美術館広坂別館に同じで、無料。

10

161

茶道を極める美術館
本多家の威示す、松風閣庭園

「加賀百万石回遊ルート」もいよいよ終盤です。「本多の森」の坂道を下り、本多町と広坂界隈（かいわい）を探査します。400年間培われた美術工芸と歴史の集積地がフィナーレを飾ります。

⊕移築された旧中村邸
㊦「旧中村邸」の表札

「美術の小径」を下りると辰巳用水の滝

中村記念美術館の展示室

中村記念美術館の外観

まさこ　県美と工芸館があるのは小立野台地の末端よね。ここには藩政期、本多家の上屋敷があったのに対し、中屋敷と家臣が住む下屋敷つまり家中町（かっちゅうまち）は高台の下にあったのよ。

ちはや　加賀八家（はっか）筆頭の本多家ともなると、すごく広大なお屋敷なのね。

まさこ　ここが上屋敷と中・下屋敷をつなぐ森の中の連絡通路だったんだけど、今は「美術の小径（こみち）」として整備されたのよ。辰巳用水のこの滝は、夏に涼を呼ぶ、知る人ぞ知る穴場なの。途中で「歴史の小径」につながっていて、上屋敷の石垣跡も見れるわ。

ちはや　本多家の森を抜けると、白壁の土蔵と町家。これは何？

まさこ　酒造の蔵元であった中村栄俊さんの、旧元車町にあった住宅を移転したの。建物内部は改装して、①旧中村邸としてお茶会などで活用されているのよ。

ちはや　すぐそこの②金沢市立中村記念美術館の付属施設なのね。

まさこ　もちろん。中村さんは戦後金沢の有力経済人であり、茶道家であり、茶道具収集家でもあったのね。持論の「美術品は一個人のものではなく国民の宝である」を実行に移したのが中村記念美術館なの。収蔵品は茶碗、茶入、釜などの茶道具を中心に、古九谷や加賀蒔絵の工芸品、屏風、掛け軸など近世から近現代の美術品1千点超を所蔵しているのよ。

ちはや　その奥にも森の続きがあるね。何か古い建造物もあるし。

まさこ　ここはね、一般には非公開なんだけど、松風閣庭園といって、本多家の中屋敷のあった一帯で、藩政初期に造成された池泉回遊式庭園になっていてね、市指定名勝です。この門は屋敷の長屋門で、これは国登録有形文化財に指定されているわ。

ちはや　とても素敵なお庭ね。池も相当の大きさがあるし、お屋敷跡なの？風格あるし。

まさこ　そう。この一帯は「本多公園」と呼ばれてきたけど案外知られていないの。でも加賀百万石回遊ルートでこれから脚光をあびるよ。

11

思索深める鈴木大拙館

金沢ゆかりの偉人知る館近く

「水鏡の庭」に浮かぶ鈴木大拙館の「思索空間棟」

静寂に包まれた思索空間

思索空間には天の窓

まさこ　今ほどの松風閣庭園を抜けると、ここは③鈴木大拙館。金沢市出身の世界的仏教哲学者、鈴木大拙を紹介し、思索するための館ね。

ちはや　かほく市出身の、もう一人の哲学者西田幾多郎の記念哲学館もふるさとのかほく市にあるわね。

まさこ　2人とも1870（明治3）年生まれでことしが生誕150年なのよ。

ちはや　哲学というのは、どうもとっつきにくいんだけど、大拙は世界的にも有名だからね。少しでもその心に触れれば。入館してみましょ。

まさこ　どお？この建物。これは金沢ゆかりの建築家の谷口吉郎・吉生親子のうち、吉生氏が手掛けたものなの。

ちはや　外観からだけで言うと、そう目立たないような気がするけど、決して普通の建物ではなく、中はどんなだろうというような期待感を抱かせるわね。

まさこ　いいところみてるね。入館すると分かるんだけど、それこそ、本当に考えた造りになってるのよ。

「展示空間」「学習空間」そして「思索空間」、3つの空間から構成されていてね。展示空間には紹介パネルがついていないのよ。来館者がそれぞれの思いで見てほしいとの意図ね。

　学習空間からは自然を生かした小さな庭が眺められる仕掛け。「水鏡の庭」を望む思索空間は専ら思索にふけるために設けてあるという、いわゆる普通の博物館じゃないでしょ。

ちはや　うーん、なかなか、しゃれた館よね。ゆっくり思索に来たいな。

まさこ　大拙は金沢出身の偉人の代表格だけど、他にも多くの偉人がいたの。④金沢ふるさと偉人館へ行こう。

ちはや　ここには、大拙のほかにどんな偉人が紹介されているの？

まさこ　ここは金沢ゆかりの近代以降活躍した人物を紹介しているのね。ジャンルは幅広く、科学者なら高峰譲吉とか、木村栄などね。文学者だと泉鏡花、室生犀星、徳田秋声の三文豪とか、92人の偉人のうち32人の紹介コーナーがあるのよ。

11

③④➡もっとくわしく!!➡176ページで解説

第11章　本多の森から広坂へ

金沢きっての名所・21美
入館者は年間250万人超

高い人気のレアンドロ・エルリッヒの作品「スイミング・プール」

21美の上空からの外観

まさこ 　今や⑤<u>金沢21世紀美術館</u>は、通称「21美」、愛称「まるびぃ」で金沢を訪れる観光客の欠かせない名所になったわね。一昨年度の入館者は過去最高で約258万人超だったの。

ちはや 　私なんか大学で金沢出身だと言うと、「ああ、あの21世紀美術館の？」と言われそう。

まさこ 　2004（平成16）年のオープンだから、もう16年も経っているのね。

市民ギャラリーの「美人画の雪月花展」（2020年9月）

ちはや 　何が成功に導いたのかな。

まさこ 　そりゃ、やはり「まちに開かれた公園のような美術館」というコンセプトの下、妹島和世さんと西沢立衛さんふたりの建築家ユニット「SANAA」の設計と、その後の運営だろうね。関係者のだれもがここまで大化けするとは思っていなかったんじゃないのかな。

ちはや 　SANAAは21美の設計などを評価され、建築界のノーベル賞といわれるプリツカー賞を受賞したんだもんね。

まさこ 　公共施設の人気は、大きく建物にかかっているのは間違いないし、次に展示物やイベント内容ね。

ちはや 　建物が「開かれている」というのは今の時代の必須要素だね。

まさこ 　いつ来ても21美は東西南北に入口があって、中を巡ると、迷子になったような錯覚を覚えるの。でも、それが21美らしさでもあるわね。

　次に展示物だけど、レアンドロ・エルリッヒの「スイミング・プール」は、人気がありすぎて地上部は無料だったのに、有料になったわね。

ちはや 　21美の魅力は何だろうと考えると、まず思い浮かべるのが現代アートよね。「スイミング・プール」のようなのもあれば、天井高の高い空間に展開する立体芸術もある。一方で、今回の「美人画の雪月花展」（市民ギャラリー）のような具象そのものが時折展示される。その寛容性が21美らしいね。

11

⑤➡ **もっとくわしく!!** ➡177ページで解説

中から鑑賞の恒久展示
空を取り込み表情を変える

中庭にあるパトリック・ブラン「緑の橋」

屋上のヤン・ファーブル「雲を測る男」

ジェームズ・タレル「ブルー・プラネット・スカイ」

加賀友禅をモチーフにした壁画マイケル・リン
「市民ギャラリー2004.10.9－2005.03.21」
（2004年）

まさこ　じゃあ、迷路のような館内で建物とマッチした恒久展示作品を見て行きましょうか。

ちはや　まずはパトリック・ブランの「緑の橋」2004年作ね。これは長さ13メートル、高さ5メートルの壁面が、金沢の気候に適した約100種類の植物で覆われている作品。色んな植物があるんだけど、時々刻々、四季折々、表情が変わるんだって。

まさこ　その先の屋上にあるのも恒久展示作品なの？

ちはや　もちろん。あれはヤン・ファーブルの彫刻作品「雲を測る男」、1998年の作。パンフレットによると、独房で鳥類学者になった実在の囚人の言葉に着想を得て、制作されたそうよ。空に向かって定規を掲げる像は、生と死、人間の自由について考えさせてくれるんだって。

　面白いのは、外にあるのをナカから眺めるから、これも雲がちょうど像の頭上にさしかかった時なんか、まさにタイトルとピッタリなのね。

まさこ　おもしろい。楽しませてくれるね。もう一つ空をモチーフにした恒久作品があったじゃない。

（ちはやさん、迷わずその部屋へ）

ちはや　この部屋ね、ジェームズ・タレルの「ブルー・プラネット・スカイ」、これも2004年の作。パンフレットには、天井中央が四角く切

卓球台のようなオブジェを四卓合体したガブリエル・オロスコ「ピンポンド・テーブル」（1998年）＝2020年夏の企画展

り取られたこの空間は、絶えず変化する光の移り変わりを、私たちに体感させて、知覚の本質について問いかけているというの。まさに空模様が生きた作品になっているのね。

まさこ　何か、私ら年配者には付いて行けない観もあるけど、さっき「緑の橋」を見ていた後ろの壁画も作品なんでしょ。

ちはや　色鮮やかな加賀友禅をモチーフにした壁画ね。マイケル・リンの「市民ギャラリー2004.10.9－2005.3.21」という作品よ。それから卓球台みたいのを4つ組み合わせたのも作品ね。恒久展示ではないけど。どう？おもしろいでしょ。

まさこ　よく分からないけど、いいね、いいね。

11

交流ゾーンもおもしろい
敷地内に由緒ある2つの茶室

ティ・ハウス

フロリアン・クラール「アリーナのための
クランク・フェルト・ナンバー3」

「球のオブジェ『まる』」

LAR/フェルナンド・ロメロ「ラッピング2005」

前田家由来の茶室松涛庵

まさこ　21美には市民の、観光客のための交流ゾーンがあるのよね。中の展覧会ゾーンは有料、ここは無料ね。

ちはや　まずはおなじみのカラフル作品。オラファー・エリアソンの「カラー・アクティヴィティ・ハウス」、2010年の作ね。これはシアン（青）、マゼンタ（赤）、イエロー（黄）の3色の色ガラス板を組み合わせた作品ね。見る人の動きにより、異なる色の風景が作り出されるそうよ。

まさこ　この作品は小立野から広坂に下りてくると、すぐ目に入るわね。もう10年経って21美のシンボルみたいになってきた。ここの裏側の西口のまわりにも、おもしろい作品があるね。

ちはや　このラッパみたいなのは、おもしろいのよ。フロリアン・クラールの「アリーナのためのクランクフェルト・ナンバー3」という長ったらしい名前の、2004年の作品ね。どこがおもしろいかと言うと、このラッパ状の金管が全部で12個あるんだけど、2個が対になって地中でつながっているのね。だから、思わぬ管に声を伝えることができるのよ。ほかには、すぐそこに、「球のオブジェ『まる』」という作品もあるわ。

まさこ　ところで、この21美の敷地に21美が管理する、わびとさび

民間から寄贈された山宇亭

の異空間があるのを知っている？

ちはや　何それ、分かんない。21美にわび、さびなんてオドロキ。

まさこ　それはね、ずばり茶室。松涛庵と山宇亭といってね。両茶室ともこの地へ移転したんだけどね。

　松涛庵は藩政末期、13代藩主斉泰が東京・根岸の隠居所に建てたのが、その後前田家内で移転を重ね、金沢市が所得したのね。

　もう一つの山宇亭は市内の実業家直山与二さん方にあったもので、付随する加賀八家長家邸にあった腰掛待合とともにこれも寄贈されたの。両茶屋ともコロナ禍で休眠状態ね。

11

元県庁本館 リニューアル
堂形のシイノキは残った

まさこ　この建物は正式名称を⑥石川県政記念しいのき迎賓館(げいひんかん)というんだけど、県政の拠点だった県庁本庁舎の跡なのよ。

ちはや　新県庁は金沢港に近い鞍月(くらつき)に移転したからね。

まさこ　それで、旧本庁舎を残そうか壊そうかの議論の末、この巨大な堂形(どうがた)のシイノキと、大正時代に建てた県庁本庁舎が残ったのね。

ちはや　堂形のシイノキは国の天然記念物に指定されているわね。なぜ、堂形っていうのかしら。

まさこ　堂形は一種の地名で、藩政初期、藩祖利家が京都・三十三間堂を模した的場を造らせたの。後にそこに藩の米蔵が置かれたことからこの辺りを堂形米蔵と呼んだと伝わってる。

ちはや　じゃあ、ここに県庁の旧本庁舎が建ったのはいつなの?

まさこ　1922(大正11)年着工の24(同13)年竣工という「大正建築」なのね。設計したのは矢橋賢吉。外観はほぼ茶系統のタイルが張られているけど、スクラッチタイルといって、表面に縦に引っ掻いたようなストライプ文様のある、当時、はやりのタイルを採用したのよ。

ちはや　なるほど「大正ロマン建築」を活用して平成風にリニューアルか。

まさこ　3階建て旧本庁舎の表側はほぼ残し、裏側を増築した。もちろん、表側の建物の内部は大幅リニューアルして、1・2・3階には開かれた展示・催事のためのスペースに改造したし、2階には迎賓館の名にふさわしく、東京に本社のあるレストラン業者がフランス料理のお店をオープンしているわ。

ちはや　ああ、あのリッチそうなレストラン。知人から、あのお店でレ

正面玄関ホールに階段、その先に石川県土図

⑥ → もっとくわしく!! → 177ページで解説

旧本館に増築された1階部分

増築された2階部分。金沢城跡を一望

ストラン婚を挙げれるて聞いたわ。

まさこ ここのウリは金沢のど真ん中にあって、ランドマークであり大

勢の人が集まりやすいし、見晴らしも最高。芝生の大広場がまたいいしね。

旧県庁本館の両脇には堂形のシイノキ

11

学都象徴する赤れんが

旧制四高記念と近代文学の館

「四高記念碑」の背後に旧制四高の赤れんが校舎

四高生の大写真パネルと展示品

まさこ　加賀百万石回遊ルートもいよいよトリに差し掛かりました。赤れんが建築が「学都金沢」の雰囲気を醸し出す石川四高記念文化交流館で中に⑦**石川四高記念館**と⑧**石川近代文学館**があります。

ちはや　れんが色って松の緑に合って、近代建築の象徴的な存在よね。まずは建物について教えてほしいな。

まさこ　この建物は1889（明治22）年6月に起工、91（同24）年に完成した、旧制第四高等中学校、後の旧制四高の本館で、完成して129年経っているのよ。文部技官だった山口半六、久留正道の設計で、1969（昭和44）年に国重要文化財に指定されているわ。

ちはや　旧制高校って今の大学？

まさこ　まあ現在の六・三・三・四制でいうと、4年制大学に該当するかな。建物に向かって左側が石川四高記念館、右側が石川近代文学館ね。左側から見てみましょ。

ちはや　なんかバンカラって言うんだっけ。四高生はこんな格好で金沢の大通りを闊歩していたんだ。

まさこ　そうね。四高生っていうと、「学都」金沢ではエリート中のエリート。これは「南下軍」と言って、柔道か何かで名古屋の旧制八高との試合に出かける時の格好じゃない？

ちはや　でも、こっちの展示室には「超然」とかの額があって、今の学生とは生き方の真剣度が違うみたい。

まさこ　では、石川近代文学館を見てみましょ。こちらは有料だよ。

ちはや　金沢はやはり文学の町でもあるから。ここは総合資料館？

まさこ　金沢ではこの文学館のほかに泉鏡花、室生犀星、徳田秋声のいわゆる三文豪の個別文学館があるほか、金沢文芸館というのがあるわね。ここはそれらに先立つ走りの文学館で、金沢だけでなく石川県全体の、しかも小説から俳句、短歌、詩、文芸評論にいたるまで、総合文学館なのよ。

ちはや　なるほど、2つの館には赤れんが校舎の元教室がよく似合っているわね。ここがトリというのも納得。

11

石川近代文学館の金沢
三文豪コーナー
石川の文学地図

⑦⑧ **もっとくわしく!!** → 177ページで解説

もっとくわしく!!

①旧中村邸

　旧中村邸は1928（昭和3）年、酒造業中村家の住宅として、金沢旧元車町（現長土塀3丁目）で建築された。現在地の本多町3丁目に移築、改装後、同1966（昭和41）年から89（平成元）年まで中村記念美術館の本館として使用され、同美術館の新館開館後、再度改装し、貸し施設として茶会や花展など多目的に利用されている。

　間口6間の重厚な正面外観や、2階座敷の2間幅の床、付書院や棚のつくり、春日杉の天井板などが、近代金沢の旧家でも、大正期から普及した高町家の形式を取り、たたずまいを伝えている。

②金沢市立中村記念美術館

　中村酒造社長だった、中村栄俊氏（1908－78）が「美術品は一個人のものではなく国民の宝である」の信念に基づき、収集した茶道具を中村記念美術館（現在の旧中村邸の場所）で展示したことに始まる。美術品と建物は金沢市に寄贈され今日に至る。

【所在地】金沢市本多町3-2-29
【電話番号】076-221-0751
【開館時間】9:30-17:00
【休館日】年末年始（12／29〜1／3）、
　　　　　展示替え期間
【観覧料】一般310円、65歳以上210円、
　　　　　団体（20人以上）260円、
　　　　　高校生以下　無料

③鈴木大拙館

　金沢市本多町に生まれた世界的な仏教哲学者鈴木大拙（1870－1966）の書や写真、著作を通し、大拙の偉業を知ってもらうとともに、来館者に哲学体験をしてもらう趣旨の博物館。

　「玄関棟」「展示棟」「思索空間棟」を回廊で結ぶとともに、「玄関の庭」「露地の庭」「水鏡の庭」によって構成。

【所在地】金沢市本多町3-4-20
【電話番号】076-221-8011
【開館時間】9:30-17:00
【休館日】月曜日（祝日なら翌平日）
　　　　　年末年始（12／29〜1／3）
【入館料】一般310円、団体260円、
　　　　　障害者210円、65歳以上
　　　　　210円、高校生以下　無料

④金沢ふるさと偉人館

　金沢は、近代日本を代表し、世界的に知られる科学者や思想家、文学者らを多数、輩出している。高峰譲吉、桜井錠二、八田與一、木村栄、鈴木大拙、泉鏡花…。館では、文化勲章受章者8人を含む計32人の金沢ゆかりの偉人たちを顕彰し、その生涯を分野別にコーナーを設けて、分かりやすく紹介している。

【所在地】金沢市下本多町6-18-4
【電話番号】076-220-2474
【開館時間】9:30-17:00
【休館日】年末年始（12／29〜1／3）
【観覧料】一般310円、団体260円、障害者210円、65歳以上210円、
　　　　　高校生以下　無料

⑤金沢21世紀美術館

現代美術を対象にした総合美術館で、2004（平成16）年10月に開館した。建築のコンセプトは「まちに開かれた公園のような美術館」。円形と方形を組み合わせた白くユニークな造り。設計はSANAAの妹島和世と西沢立衛。

【所在地】金沢市広坂1-2-1
【電話番号】076-220-2800
【開館時間】交流ゾーン9:00-22:00
　　　　　　展覧会ゾーン10:00-18:00
【休館日】交流ゾーン　年末年始
　　　　　展覧会ゾーン　月曜日、年末年始
【観覧料】交流ゾーン　無料
　　　　　展覧会ゾーン　展覧会、時期によって異なる

⑥石川県政記念しいのき迎賓館

長らく県政の拠点となってきた旧県庁舎をリニューアルし、増築部分と融合した憩いと交流のおもてなし施設。2010（平成22）年に開館した。「増築」部分はワイドなガラス張り空間となっており、耐震構造となっている。

旧県庁舎本館は、1924（大正13）年に竣工した、県内で最初の鉄筋コンクリートの建物で、設計は国会議事堂などの設計に携わった矢橋賢吉。

【所在地】金沢市広坂2-1-1
【電話番号】076-261-1111
【開館時間】9:00〜22:00
【休館日】年末年始（12／29〜1／3）

⑦石川四高記念館

1893（明治26）年から約60年間、旧制高等学校（中学校）の校舎として使われていた歴史をたどり、四高と四高生を育んだ風土と時代を知るための展示空間。旧四高の教室を学習や発表の場として利用することもできる。

中は「四高その時代と人々」「北の都に」「北辰会と南下軍」「『超然』とした学生生活」とテーマ別に4つの展示室がある。このほか、多目的利用室やレトロ体験室もある。

【所在地】金沢市広坂2-2-5
【電話番号】076-262-5464
【開館時間】9:00〜17:00（展示室）
多目的・レトロ体験室9:00〜21:00
【休館日】年末年始（12／29〜1／3）
【入場料】無料

⑧石川近代文学館

石川県ゆかりの文学者の著書、原稿愛蔵品などを一堂に集めた総合文学館。泉鏡花、室生犀星、徳田秋声の金沢三文豪から、現代文学の最前線で活躍する人たちまで、幅広く展示している。

加賀、能登、金沢それぞれの風土が育んだ作家を地域別にパネル展示。

【所在地】左に同じ
【電話番号】左に同じ
【開館時間】9:00〜17:00
【休館日】年末年始（12／29〜1／3）
【入場料】一般370円（団体290円）、大学生290円（同230円）、高校生以下　無料（同・同）

第12章

回遊ルートもっと楽しむ

城下町金沢「夜の顔」演出
ライトアップを益々充実

石川県は金沢城公園 鼠多門（ねずみ た もん）・鼠多門橋の完成に伴い、金沢城公園のライトアップを益々充実させて、夜間の魅力向上を図りました。

鼠多門・鼠多門橋のライトアップの特長は、門の鉛瓦屋根（なまりがわら）や黒漆喰（くろじっくい）の海鼠壁（なまこかべ）、橋の橋脚や高欄（こうらん）を照らし、橋を渡る人たちだけでなく、下の道路を通行する人たちにも、門と橋が浮かび上がるように見えるのを可能にするため、工夫したのです。

次に城内では、「平成の築城」による菱櫓（ひしやぐら）、五十間長屋（ご じっけんながや）、橋爪門 続櫓（はしづめもんつづきやぐら）の二の丸側を新たに照らし、様々な位置からの観賞を可能にしました。

重文建造物では、これまでの石川門、三十間長屋に加え、鶴丸倉庫（つるまる）も周辺の石垣とともに照らしています。

このほか、園内では鼠多門から石川門に至る園路の照明を充実させ、いもり（宮守）坂では、手すりが光る仕掛けが施されています。

鼠多門・鼠多門橋など城の外周に面するライトアップは午後10時まで、城内は夜間開園に合わせ午後9時まで点灯しています。

さらに、兼六園を期間限定でライトアップしているほか、加賀百万石回遊ルート上にある国立工芸館や県立美術館、県立歴史博物館などを、多彩にライトアップしています。

また、南町の金沢中央観光案内所は午後9時まで開館し、案内を行っています。

金沢城鼠多門と鼠多門橋

樹木や石垣を照らし、三十間長屋も多彩に夜空に浮かび上がらせる玉泉院丸庭園の「大名庭園の灯りの絵巻」

12

金沢城橋爪門続櫓（右）と一の門、向こうに二の門

金沢城菱櫓(右)と五十間長屋

城内

金沢城河北門

金沢城鶴丸倉庫

金沢城石川門

12

特別名勝 兼六園・虹橋と徽軫灯籠

兼六園

唐崎松

雁行橋と七福神山

根上松

石川県立美術館＝出羽町

石川県立歴史博物館＝出羽町

城外

石川四高記念文化交流館
＝広坂２丁目

明治期の洋風建築の意匠を照らす国立工芸館＝出羽町

パスポートと専用アプリで
スマートにルートを満喫

「加賀百万石回遊ルート」をより楽しんでもらおうと、ルート上の文化施設が無料や割引になる「SAMURAIパスポート」を発売。県民や観光客の周遊を促しています。

このパスポートはルート上にある兼六園、県立歴史博物館など、通常は有料の12施設でパスポートを提示すると、無料で入場できるほか、成巽閣、金沢21世紀美術館、国立工芸館の3施設も、入館料が割引になります（2020年10月現在）。

一方、ルート巡りをスマートフォン（スマホ）で楽しむための「加賀百万石回遊ルートアプリ」を作成しました。主な機能は「散策マップ」「ガイドツアー」「歴史体験」の3つ。回遊ルート巡りをお手伝いします。また、県金沢城調査研究所が作成した「ARアプリ」はかなり専門的な知見を得られるもので、詳しく歴史を知りたい方におすすめです。

なお、兼六園、金沢城公園三の丸広場、玉泉院丸庭園のライブカメラの映像は以下のQRコードからご覧いただけますので、参考にしてください。

兼六園　　三の丸広場　玉泉院丸庭園

「SAMURAIパスポート」2020年版

加賀百万石回遊ルートアプリ

武家屋敷跡から尾山神社を経て、金沢城公園、兼六園、本多の森公園へとつながる「加賀百万石回遊ルート」には、□の時代まで大切に受け継がれてきた数多くの歴史的建造物や庭園などの文化施設が集積しています。□かわの歴史や文化にふれるルート巡りを、スマートフォンアプリを活用してお楽しみください。

散策マップ
ルート沿いの見どころを
ご紹介、見どころまでの
道順をご案内！

ガイドツアー
地元ガイドおすすめの
ツアーコースをご紹介！

歴史体験
鎧兜姿（よろいかぶと）で記念撮影！
江戸時代の水堀出現！
スマートフォンの
カメラを利用して
百万石の歴史を体験！

道路上に水堀を再現

利家愛用の鯰尾兜（なまずおかぶと）を体験

（アプリ画面）
加賀百万石
回遊ルートアプリ

散策マップ

ガイドツアー

| クイズ | 歴史体験 |
| 金沢城AR | リンク集 |

□賀百万石回遊ルート全体図

尾山神社
金沢城公園

□沢市足軽資料館
金沢中央観光案内所

旧加賀藩士高田家跡
石川門

□町武家屋敷
憩邸
鼠多門
玉泉院丸庭園
武家屋敷跡野村家
三十間長屋
鶴丸倉庫

□沢市老舗記念館
前田土佐守家
資料館
石川四高記念文化交流館　しいのき迎賓館

兼六園
いしかわ生活工芸
ミュージアム

長町武家屋敷跡界隈
金沢21世紀美術館
成巽閣

石川県立美術館

本多の森公園
国立工芸館

松風閣
石川県立歴史博物館
加賀本多博物館

□□百万石回遊ルート

百万石のご案内は
おまかせあれ！

前田利家、まつ

お問い合わせ
□川県土木部公園緑地課

📞 076-225-1772　✉ e251800a@pref.ishikawa.lg.jp

QRコードから
アプリを
インストール

金沢城ＡＲアプリ
Kanazawa Castle AR Tour
金澤城AR畅游
金澤城AR暢遊
가나자와성 AR 투어

回遊ルートもっと楽しむ

普通の観光案内では満足のできない
熱心な歴史ファン必携！

A great application for history buffs looking
more than the usual tourist information

普通景点介绍无法满足的热心历史迷必带！

金澤城深度旅遊的必需品！

일반적인 관광 안내에 만족할 수 없는 열정적인
역사 팬은 휴대 필수!

5言語の音声読み上げに対応！
日本語／英語／簡体字中国語／
繁体字中国語／韓国語

Text Reading

可以进行语音讲解

提供聲讀服務

음성안내 대응

おすすめ見学ポイントを検索
Search recommended spots
检索推荐观光点
搜尋推薦景點
추천 견학 포인트를 검색

見たいテーマを選択すると、
地図上に専用アイコンで表示されます。

Original icons show you what you are looking for
on the map

选择了想看的主题后，地图上会用专用标识表示出来。

選擇想看的主題後，地圖上便會顯示專用的圖標。

보고 싶은 테마를 선택하시면 지도상에 전용 아이콘이
표시됩니다.

未訪問
Not visited
未参观
未參觀
미방문

訪問済
Visted
已参观
已參觀
방문 완료

QRコードからアプリをインストール
Install application with the QR code
从QR二维码安装APP
用QR碼來下載APP
QR코드로 애플리케이션을 설치

石川県金沢城調査研究所
Kanazawa Castle Fieldwork and Research Office
〒920-0918　石川県金沢市尾山町10-5　TEL:(076)223-9696　FAX:(076)223-9697
10-5 Oyama Cho,Kanazawa,Ishikawaken 920-0918

あ、探索に出発!
Let's get started!
开始探索吧!
開始出發去參觀吧!
자! 검색하러 출발!

地図で探索
Searching in map
用地图探索
用地圖搜尋
지도에서 검색

訪問済みスポット:9/60

AR探索に切替
Change to Search with AR
切换为用AR探索
切換成用AR搜尋
AR검색으로 변경

おすすめ見学スポット検索に切替
Change to Search Recommended Tour Spots
切换为检索推荐的观光点
切換成用推薦景點搜尋
추천 견학 포인트 검색으로 변경

Rで探索
Searching with AR
AR探索
AR搜尋
AR로 검색

石川門　重文

**訪問スポット数は
ここで確認!**
Check how many spots
you've visited here!
在这里确认已参观的观光点!
參觀景點數量由此確認!
방문 장소 갯수는 여기서 확인!

訪問済みスポット:15/60

マーカーをスキャン　おすすめ見学スポットを検索

探索スポットは全部で60!訪問数に応じて特典ゲット!
There are 60 spots in all! Every time you hit a certain number of
spots, you get a special prize.
探索观光点总共有60个! 根据参观数量可以得到相应特别奖励的图片!
參觀景點全部是60個! 隨著參觀的數量可獲得不同的優惠!
검색 장소는 전부 60곳! 방문 갯수에 따라서 특전을 획득!

度探索した場所は、アイコンが緑
変わり、あとでどこからでも情報
見ることができます。

ns turn green when searched.
ormation on icons that have turned
en can be viewed anytime.

经探索过的地点的位置标注会变为绿色，之
哪里都能够看到信息。

尋過的場所圖標就會變成綠色，之後不論
處都可以看到該處的情報。

런 검색한 장소는 아이콘가 녹색으로 바뀌고,
에 어디서든 정보를 볼 수 있습니다.

スポット9・10・12・22・25・30・34・45にある3Dモデルと一緒に写真を撮ろう!
Spots 9, 10, 12, 22, 25, 30, 34, and 45 have 3D images.
You can take picture
与景点 9、10、12、22、25、30、34和45的三维模型一起合影吧!
與景點9・10・12・22・25・30・34・45裏的3D影像一起照相!
포인트 9・10・12・22・25・30・34・45에 있는 3D 모델과 함께 사진을 찍자!

12

**A〜Eにあるマーカーを探して「マーカーをスキャン」
画面をかざそう!**
Find markers on A〜E and Scan them with "Scan Markers" screen!
寻找A〜E有的标识，扫描「扫描标识」换面!
尋找A〜E裏的標記，用「掃描標記」來搜尋畫面吧!
A〜E에 있는 마크를 찾아서 「마크를 스캔」 화면을 겹쳐 올려보자!

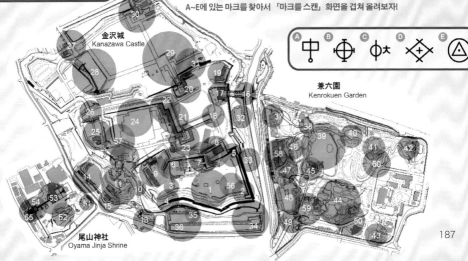

金沢城
Kanazawa Castle

兼六園
Kenrokuen Garden

尾山神社
Oyama Jinja Shrine

【参考文献】

「平成金沢城まるごとガイド」（北國新聞社編）

「よみがえる金沢城1」（金沢城研究調査室編）

「よみがえる金沢城2」（石川県金沢城調査研究所編）

「兼六園」（石川県金沢城・兼六園調査研究所編）

「石碑でめぐる金沢歴史散歩」（三田良信監修）

「愛蔵版 ふるさと美術館」（北國新聞社編）

「鷹峯を越え百万石文化創成の群像」（横山方子著、北國新聞社編）

「いしかわ建築の博物館」（北國新聞社編）

【ご協力いただいた組織・団体】（順不同）

石川県観光戦略推進部

石川県土木部公園緑地課

石川県金沢城兼六園管理事務所

石川県金沢城調査研究所

石川県立美術館

国立工芸館

金沢21世紀美術館

尾山神社

ほか、多数の皆様にお世話になりました。

金沢城鼠多門・橋 完成記念
これが加賀百万石回遊ルート

発行日		2020（令和2）年10月8日　第1版第1刷
編　集		北國新聞社
発　行		〒920-8588
発　売		石川県金沢市南町2番1号
		TEL 076-260-3587（出版局直通）
		FAX 076-260-3423
		電子メール syuppan@hokkoku.co.jp

ISBN978-4-8330-2218-7